はじめに

　わが国で 1989 年 4 月に導入された消費税は、他の税金と比べると比較的歴史の浅い税金の 1 つです。しかし、日常的に利用するスーパーマーケットやコンビニエンスストアでの買い物で毎日のように支払う消費税は、私たちの生活の中で最も身近な税金の 1 つといえるでしょう。

　見方を変えれば、株式会社だけでなく個人経営の商店などでも消費税とは切っても切れない関係があり、消費税に関する知識はビジネスシーンにおいて必要な税の知識の 1 つといえます。

　それにも関わらず、消費税に関する知識を学ぶ機会はそれほど十分ではなく、各種の簿記検定でも、消費税に関する会計処理は取り扱うものの、そもそもどのような取引で消費税が課されるのか、実際に納める消費税額はどのように計算され、いつまでに納付するのかといったことまでは扱わないので、通常、経理実務につく際には、簿記の知識とは別に消費税に関する知識も身に付けなければなりません。

　さて、公益社団法人「全国経理教育協会」では、税理士資格の取得を志す学生や会計事務所などで実務に携わっている社会人などを対象に、税に関する知識の習得を目的とした税法能力検定試験を実施しています。

　消費税法については、第 62 回試験（平成 11 年 10 月 24 日施行）で新たに試験科目として加わり、毎年数千人の方が受験しています。

　そこで、ネットスクールでは「消費税法能力検定試験」の 3 級および 2 級の範囲を網羅した公式テキストを刊行しました。

　本書は、経理実務にあたって消費税の知識が必要な方をはじめ、税理士試験で消費税法を受験科目とする方も対象として、消費税の知識がない方でもしっかりと知識を身に付けられるよう、分かりやすさと専門性のバランスを図りながら作成しています※。

※　例えば、側注を数多く設けて補足説明を加えたり、図解やイラストにより視覚的に理解や整理ができるよう工夫を凝らしました。

　第 3 版の改訂では、令和 6 年度までの税制改正及び令和 4 年 4 月 1 日に行われた出題区分の変更を反映しています。

　本書を通じて、「消費税法能力検定試験」の 3 級および 2 級の合格はもちろんのこと、この本を手に取った方が消費税の知識を武器に、ビジネスシーンで活躍されることを願っております。

ネットスクール教育事業本部
税理士講座税法グループ一同

CONTENTS

消費税法能力検定試験　公式テキスト３級／２級

本書の構成・特長

➤ 構成

Section 2 | **国内取引の課税の対象** | 3級 / 2級

Chapter 1 では、消費税が財貨やサービスの消費に対して課税され、その納付は、商品等を販売等した事業者が行うことを学習しました。それでは、消費税の課税の対象とする（消費税法が適用される）財貨やサービスの消費とはどのような取引を指すのでしょうか？
ここでは、国内取引の消費税の課税の対象となる4要件について学習しましょう。

---

1 要件1：国内において行われるもの

消費税は国内で行われた資産の譲渡等に対して税金の負担を求めています。そのため、課税の対象と判断するためには、まず資産の譲渡等が国内で行われたか否かを判断する必要があります。

具体的には、資産の種類別、役務の提供ごとに判定を行います。

1. 資産の譲渡又は貸付けの場合（法4③一、令6①）

資産の譲渡又は貸付けは、その譲渡又は貸付けが行われる時においてその資産が所在していた場所が国内であるか否かに基づき判定を行います*01)。

*01) つまり、商品が売られていた場所が国内にあったかどうかをいいます。

ただし、船舶や航空機の譲渡や貸付けの場合、これらは国外と国内を行き来することができることから、所在する場所の判断基準が特殊です。また、特許権や商標権などについては、形として存在しません。そのため、これらについても、それぞれ個別の判定基準で判断します。

3級・2級の出題範囲を学習することを示しています。

(1) 原則 3級

原　　則	その譲渡又は貸付けが行われる時においてその資産が所在していた場所

(2) 例外 2級

資産の種類		場所（次の場所が国内であれば国内取引）
船　舶	登録済	船舶の登録をした機関*02)の所在地（同一の船舶について二以上の国において登録をしている場合には、いずれかの機関の所在地）
航空機	登録済	航空機の登録をした機関*02)の所在地
特許権、実用新案権、意匠権、商標権等		権利の登録をした機関の所在地（同一の権利について二以上の国において登録をしている場合には、これらの権利の譲渡又は貸付けを行う者の住所地*03)）
所在場所が明らかでない場合		その資産の譲渡又は貸付けを行う者のその譲渡又は貸付けに係る事務所等の所在地

*02) 船舶は海運支局や日本小型船舶検査機構、航空機は国土交通省航空局になります。

*03) 住所地とは、個人事業者の場合には、生活の本拠地を指し、法人の場合には本店所在地を指します。ここでいう生活の本拠地とは、一般的には住民票の登録地といわれますが、必ずしも一致しているとは限りません。

特長1 ☞ 側注による補足説明

(2) 例外 （2級）

資産の種類		場所 （次の場所が国内であれば国内取引）
船　舶	登録済	船舶の登録をした機関*02)の所在地（同一の船舶について二以上の国において登録をしている場合には、いずれかの機関の所在地）
航空機	登録済	航空機の登録をした機関*02)の所在地
特許権、実用新案権、意匠権、商標権等		権利の登録をした機関の所在地（同一の権利について二以上の国において登録をしている場合には、これらの権利の譲渡又は貸付けを行う者の住所地*03)）
所在場所が明らかでない場合		その資産の譲渡又は貸付けを行う者のその譲渡又は貸付けに係る事務所等の所在地

*02) 船舶は海運支局や日本小型船舶検査機構、航空機は国土交通省航空局になります。

*03) 住所地とは、個人事業者の場合には、生活の本拠地を指し、法人の場合には本店所在地を指します。ここでいう生活の本拠地とは、一般的には住民票の登録地といわれますが、必ずしも一致しているとは限りません。

➤ 特長2 ☞ 図解による視覚的な説明

原則は役務の提供を行った場所

こんにちは

Hello!

発信地か受信地が日本国内であれば「国内において行うもの」に該当します

➤ 特長3 ☞ 設問による実践演習

　試験対策に必要な練習問題と、その効率的な解き方も本書に収載しているので、このテキストだけでもしっかりと学習することが可能です。（本書に準拠した「問題集」はございません。）

設問1	国内において行うもの

　次の取引のうち、国内取引に該当するものを選びなさい。

［資産の譲渡又は貸付け］
　(1)　内国法人が北海道にある土地を売却する行為
　(2)　内国法人がアメリカにある建物を貸し付ける行為
　(3)　外国法人が東京支店の車両を売却する行為
　(4)　内国法人がパナマで登録している船舶を売却する行為

［役務の提供］
　(1)　内国法人が国外において他の内国法人から依頼を受け建物を建設する行為
　(2)　内国法人が横浜から上海へ貨物を輸送する行為
　(3)　外国法人がロンドンから東京への国際電話料金を受領する行為

解　答

［資産の譲渡又は貸付け］
(1)、(3)

『公式テキスト』を使って全経相続税法能力検定に合格しました！

合格者の声

本書に先だってネットスクールより出版された全経相続税法能力検定の公式テキストを活用して、実際に合格された方の声をご紹介します。

今回ご紹介した方は税理士試験の相続税法合格に向けて学習される中で全経相続税法能力検定を活用された方々です。

税理士試験合格に向けたステップアップについては、右ページでもご紹介していますので、そちらもぜひご覧下さい。

▲合格証書の見本▲

K . M . さん	第 104 回全経相続税法 2 級／3 級合格

全経の相続税法能力検定試験 2 級、3 級に合格することができました。現在はネットスクールWEB 講座で税理士試験相続税法を受講しております。今回検定試験を受けてよかったことは、税理士試験同様、緊張感のある試験の雰囲気の中で問題を解く機会を得たことです。基礎的な問題においても本番で確実に正解することの難しさも実感できました。今後さらなる基礎力と正確性を高めるように学習を進めていき、1 級合格にもチャレンジしたいと思っております。

T . M . さん	第 104 回全経相続税法 2 級／3 級合格

この度、全経の相続税法能力検定試験 2 級及び 3 級に合格することができました。現在、税理士試験の受験勉強をしていますが、今回の 2 級及び 3 級の試験はとても良い機会となりました。これまでの学習内容の習熟度が確認でき、また、試験の緊張感を味わえることができたのは自分にとって大きな収穫でした。さらに、立派な合格証書も届いて嬉しかったです。引き続き税理士試験の学習も進めつつ、1 級合格も目指していきたいと思います。

S . Y . さん	第 104 回全経相続税法 2 級合格

現在受講中のネットスクール税理士 WEB 講座で全経の相続税法能力検定試験新設の紹介があり、本試験の緊張感を味わえる数少ない機会と思い、受験を決意しました。個別、総合と問題のボリュームは十分で、時間配分を意識して解くことの大切さを改めて感じました。また、見慣れた問題や解答用紙の形式との違いに対応するには問題をよく読むことが大切だと再認識し、その他今後の学習で強化すべき点も再確認できました。そして何より 2 級合格が、現在の試験勉強の励みとなっています。税理士試験合格を目標に、次は 1 級にも挑戦します。

全経消費税法に合格した後に…

税理士試験（消費税法）に挑戦しよう！

税理士試験における消費税法

　税理士試験は会計科目2科目・税法科目9科目の全11科目からなり、このうち会計科目2科目と税法科目3科目（法人税法・所得税法のいずれかは必須）の合計5科目に合格する必要があります。
　消費税法も税理士試験の1科目に含まれており、必須科目ではありませんが、企業経理において必須の知識とされていることから、受験者数が多い税法科目の1つです。

税理士試験（消費税法）の出題形式

　税理士試験は、理論50点と計算50点の合計100点のうち合格基準点が60点とされています。
　計算の出題範囲については、全経消費1級の試験範囲に近いレベルとなっています。
　あとは理論の出題対策を行うことで、税理士試験の合格も十分狙える状況といえます。

全経消費税法の試験と税理士試験（消費税法）の学習時間

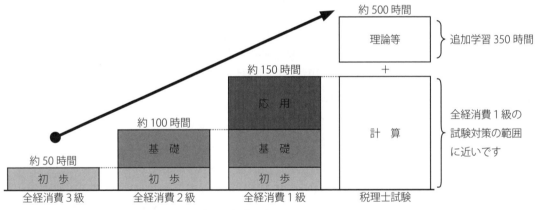

　　※　表記の学習時間はおおよその目安となります。

税理士試験（消費税法）合格までのおすすめスケジュール

　翌年8月の税理士試験に向けて9月から消費税法の学習を始める方にお勧めのスケジュールをご紹介します。

　　※　余裕がある方は、1級を目指してみましょう。

所得税法能力検定試験
法人税法能力検定試験
消費税法能力検定試験
相続税法能力検定試験
受験要項

試 験 日　年3回（5月、10月、2月）実施
　　　　　（注）所得税法・法人税法・消費税法・相続税法とも各回，同一試験日に行います。
　　　　　　　　ただし、5月試験は1級のみ実施となります。
　　　　　　　　また、2月試験は1級のみ実施されません。

受験資格　男女の別，年齢，学歴，国籍等の制限なく誰でも受けられます。

受 験 料　1級 3,500円
（税込）　2級 2,700円
　　　　　　3級 2,300円
　　　　　（注）所得税法・法人税法・消費税法・相続税法 各級共通

試験会場　本協会加盟校　※試験場の多くは専門学校となります。

申込方法　協会ホームページの申込サイト（https://app.zenkei.or.jp/）にアクセスし，メールアドレスを登録してください。マイページにログインするためのIDとパスワードが発行されます。
　　　　　　マイページの検定実施一覧から検定試験の申し込みを行ってください。
　　　　　　申し込み後，コンビニ・ペイジー・ネットバンキング・クレジットカード・キャリア決済・プリペイドのいずれかの方法で受験料をお支払ください。受験票をマイページから印刷し試験当日に持参してください。試験実施日の2週間前から印刷が可能です。

試験時間　試験時間は試験規則第5条を適用します。開始時間は受験票に記載します。

適用法令　適用する法令等は毎年4月30日現在施行されているものに準拠します。
　　　　　　※5月施行の1級は，前年の11月30日現在施行されているものに準拠して出題します。

合格発表　試験日から1週間以内にインターネット上のマイページで閲覧できます。
　　　　　　※試験場の学生，生徒の場合，各受付校で発表します。

［受験者への注意］
1．申し込み後の変更，取り消し，返金はできませんのでご注意ください。
2．受験者は，試験開始時間の10分前までに入り，受験票を指定の番号席に置き着席してください。
3．解答用紙の記入にあたっては，黒鉛筆または黒シャープペンを使用してください。
4．計算用具（計算機能のみの電卓またはそろばん）を持参してください。
5．試験は，本協会の規定する方法によって行います。
6．試験会場では試験担当者の指示に従ってください。
　　この検定についての詳細は，本協会又はお近くの本協会加盟校にお尋ねください。

検定や受付校の詳しい情報は、
全経ホームページでご覧ください。
「全経」で検索してください。
https://www.zenkei.or.jp/

郵便番号　170－0004
東京都豊島区北大塚1丁目13番12号
公益社団法人　全国経理教育協会
　　　TEL　03（3918）6133
　　　FAX　03（3918）6196

消費税法能力検定試験級別出題区分表

注1　とくに明示がないかぎり同一の項目又は範囲については，級の上昇に応じて程度が高くなるものとする。

注2　適用する法令等は毎年４月３０日現在施行されているものに準拠する。

　　　ただし、５月施行の１級は，前年の１１月３０日現在施行されているものに準拠して出題する。

（令和５年４月１日改正）

項　　目	3　　級	2　　級	1　　級
2．税法の基礎			
（1）税金の意義，根拠，目的	○税金の意義，根拠，目的		
（2）納税の義務	○納税の義務		
（3）税金の体系と分類	○税金の体系と分類		
	○国税と地方税		
	○直接税と間接税		
	○本税と附帯税		
（4）徴税方式	○徴税方式		
	○賦課課税方式		
	○申告納税方式		
3．法令等	原則として消費税法に係る法令並びに租税特別措置法，国税通則法及び地方税法等の消費税法に関連する他の法令（消費税法基本通達等の取扱いを含む）		
4．総則			
（1）用語の定義	○国内	○合併法人	○国外事業者
	○保税地域	○被合併法人	○人格のない社団等
	○個人事業者	○分割法人	○調整対象固定資産
	○事業者	○分割承継法人	○特定資産の譲渡等
	○資産の譲渡等の基本的な		○電気通信利用役務の提供
	もの‥‥‥‥‥‥‥‥‥	○代物弁済，負担付き贈与，	○事業者向け電気通信利用
		現物出資，交換	役務の提供
	○課税資産の譲渡等	○棚卸資産	○特定役務の提供
	○外国貨物		○特例申告書
	○課税貨物		○附帯税
	○課税仕入れ		○相続，包括遺贈
	○事業年度		○相続人，包括受遺者
	○基準期間		○被相続人，包括遺贈者
	○確定申告書等		
	○中間納付額		
	○資産の貸付け		
	○資産の借受け		
（2）課税の対象	○国内取引の原則‥‥‥‥	○応用的なもの‥‥‥‥‥	○特殊なもの
		○みなし譲渡	○特定資産の譲渡等
			○特定仕入れ
	○国内取引の判定（基本		
	的なもの）‥‥‥‥‥‥	○特殊なもの	
	○輸入取引の原則	○みなし引取り	
（3）非課税	○国内取引の基本的なもの‥‥	○国内取引の応用的なもの‥‥	○国内取引の特殊なもの
	○輸入取引		

項　　目	3　級	2　級	1　級
（4）輸出取引	○輸出免税等の基本的なもの	○輸出免税等の応用的なもの	○輸出免税等の特殊なもの ○輸出物品販売場における輸出物品の譲渡に係る免税
（5）－①・納税義務者	○国内取引（課税資産の譲渡等） ○輸入取引	----------	○特定課税仕入れ
（5）－②・納税義務の免除	○小規模事業者に係る納税義務の免除 ○課税事業者の選択（手続除く）	○特定期間における課税売上高による納税義務の免除の特例 ○課税事業者の選択（手続含む）	
（5）－③・納税義務の免除の特例		○相続があった場合の納税義務の免除の特例 ○合併があった場合の納税義務の免除の特例 ○分割等があった場合の納税義務の免除の特例 ○新設法人の納税義務の免除の特例	○特定新規設立法人の納税義務の免除の特例 ○高額特定資産を取得した場合等の納税義務の免除の特例
（6）実質判定			○資産の譲渡等又は特定仕入れを行った者の実質判定
（7）信託			○信託財産に係る資産の譲渡等の帰属 ○法人課税信託の受託者に関するこの法律の適用
（8）資産譲渡等の時期	○資産の譲渡等の時期の原則（基本的なもの）	---応用的なもの	○資産の譲渡等の時期の特例
（9）課税期間	○課税期間の原則		○課税期間の短縮
（10）納税地	○個人事業者の納税地の原則 ○法人の納税地 ○外国貨物に係る納税地	○個人事業者の納税地の特例 ○納税地の指定 ○納税地の異動の届出	○納税地指定の処分の取消しがあった場合の申告等の効力 ○輸出物品販売場において購入した物品を譲渡した場合等の納税地
5．課税基準及び税率			
（1）課税標準	○国内取引の原則	○応用的なもの 　代物弁済，負担付き贈与 　現物出資，交換 ○役員に対する低額譲渡	○特殊なもの ○特定課税仕入れ

項　　目	3　　級	2　　級	1　　級
		○みなし譲渡	
（2）税率	○輸入取引 ○税率 ○元年軽減対象資産の譲渡等に係る税率等に関する経過措置		
6．税額控除等 （1）仕入れに係る消費税額の控除	○国内取引（課税仕入れ）……………	…………………………	○特定課税仕入れ
		○輸入取引	○一括比例配分方式の選択
	○全額控除方式	○個別対応方式又は一括比例配分方式	
		○課税売上割合の計算………	○特殊なもの
			○課税売上割合に準ずる割合
	○課税仕入れ等の税額	○課税仕入れ等の区分	○特定課税仕入れに係る税額
	○課税仕入れに係る支払対価の額…………………	○応用的なもの………	○特殊なもの
	○適用要件………………	○帳簿等の記載事項等	
（2）非課税資産の輸出等を行った場合の仕入れに係る消費税額の控除の特例			○非課税資産の輸出を行った場合 ○海外支店等で自己使用する資産の輸出等を行った場合
（3）仕入れに係る対価の返還等を受けた場合の仕入れに係る消費税額の控除の特例	○国内取引		○輸入取引
（4）仕入れに係る消費税額の調整			○課税売上割合が著しく変動した場合 ○調整対象固定資産を転用した場合 ○居住用賃貸建物を課税賃貸用に供した場合等の仕入れに係る消費税額の調整 ○納税義務の免除を受けないこととなった場合等
（5）仕入れに係る消費税額の控除の特例 （簡易課税）	○1種類の事業を営む場合…	○2種類以上の事業を営む場合の原則的な計算，特例計算	
	○事業区分の基本的なもの…	○事業区分の応用的なもの	
	○届出要件		
（6）課税標準額に対する消費税額の調整	○売上げに係る対価の返還等をした場合の消費税額の控除 ○貸倒れに係る消費税額の控除等		○特定課税仕入れに係る対価の返還等を受けた場合の消費税額の控除等
		○貸倒回収に係る消費税額	

項　　目	3　　級	2　　級	1　　級
7．申告，納付，還付等			
（1）中間申告	○課税資産の譲渡等についての中間申告	‑‑‑‑‑‑‑‑‑‑‑‑‑‑‑‑‑‑‑‑‑‑	○課税資産の譲渡等及び特定課税仕入れについての中間申告
（2）確定申告			○合併法人に係る中間申告 ○仮決算をした場合の中間申告書の記載事項等 ○中間申告書の提出がない場合の特例
	○課税資産の譲渡等についての中間申告による納付	‑‑‑‑‑‑‑‑‑‑‑‑‑‑‑‑‑‑‑‑‑‑	○課税資産の譲渡等及び特定課税仕入れについての中間申告による納付
	○課税資産の譲渡等についての確定申告	‑‑‑‑‑‑‑‑‑‑‑‑‑‑‑‑‑‑‑‑‑‑	○課税資産の譲渡等及び特定課税仕入れについての確定申告 ○死亡の場合の確定申告 ○清算の場合の確定申告
	○課税資産の譲渡等についての確定申告による納付	‑‑‑‑‑‑‑‑‑‑‑‑‑‑‑‑‑‑‑‑‑‑	○課税資産の譲渡等及び特定課税仕入れについての確定申告による納付 ○法人の確定申告書の提出期限の特例
（3）還付申告		○還付を受けるための申告	○死亡の場合の還付を受けるための申告
		○仕入れに係る消費税額の控除不足額の還付	○確定申告等に係る更正等による仕入れに係る消費税額の控除不足額の還付
		○中間納付額の控除不足額の還付の手続	○確定申告等に係る更正等又は決定による中間納付額の控除不足額の還付
（4）輸入申告			○引取りに係る課税貨物についての課税標準額及び税額の申告等 ○引取りに係る課税貨物についての消費税の納付等 ○引取りに係る課税貨物についての納期限の延長
（5）修正申告 　　更正の請求 　　更正及び決定			○修正申告 ○更正の請求，更正の請求の特例 ○更正及び決定

項　　目	3　　級	2　　級	1　　級
8．雑則，罰則		○小規模事業者の納税義務の免除が適用されなくなった場合等の届出（基本的なもの）	○小規模事業者の納税義務の免除が適用されなくなった場合等の届出（応用的なもの） ○申告義務等の承継 ○国，地方公共団体等に対する特例
	○帳簿の備付け等		
			○特定資産の譲渡等を行う事業者の義務 ○価格の表示
9．地方消費税	○簡単な計算	○簡単な計算	○簡単な計算
10．経理処理	○税込経理方式 ○税抜経理方式		
11．出題の形式 （1）文章問題	○原則として簡単なもの 　語群選択方式又は○×方式	○空欄方式（語群を与える） 　又は○×方式	
（2）仕訳問題 （3）計算問題	○出題の可能性あり ○原則として計算過程の簡単なものを出題する ○すべて計算式を与える		

検定試験に関する最新の情報について

　各回の検定試験における出題範囲などの最新情報につきましては、「全国経理教育協会」のホームページを必ずご確認くださいますようお願いいたします。

---

https://www.zenkei.or.jp/

トップページの「能力検定試験」 ＞ 「消費税法能力検定」

　本書は、第116回以降の消費税法能力検定３級・２級試験対策として最新の法令・通達により作成しておりますが、その後における法令・通達の改正に伴い必要な変更や追加などがある場合におきましては、随時ネットスクールのホームページでその内容を公開する予定です。あらかじめご了承ください。

---

https://www.net-school.co.jp/

トップページ「読者の方へ」 ＞ 「全経消費税法」

　また、実際に本試験で出題された問題とその解答速報は、検定試験が終わった翌週月曜日正午（祝日の場合は火曜日）から２週間限定で全国経理教育協会のホームページにて公開される予定です。

---

https://www.zenkei.or.jp/

トップページの「能力検定試験」 ＞ 「消費税法能力検定」 ＞ 「試験問題見本」

凡例（略式名称……正式名称）

法……消費税法　　　令……消費税法施行令　　　規……消費税法施行規則
法附則……消費税法附則
措法……租税特別措置法　　　措令……租税特別措置法施行令
措規……租税特別措置法施行規則
国通……国税通則法
基通……消費税法基本通達　　　個通……消費税法個別通達
措通……租税特別措置法関係通達

引用例

法30②一イ……消費税法第30条２項第一号イ

（注）　本書は、原則として令和６年４月１日現在施行されている法令等に基づき作成しています。

Chapter

1

消費税の概要

私たちが毎日の買い物の中で支払っている身近な存在である消費税。
消費税とはいったいどのような税金なのでしょうか？
Chapter 1では、消費税を「法律」をとおして見てこれから『消費税法』を学習
するための基本的な考え方を見ていきますので、まずはしっかりと理解すること
を意識しましょう。

Section

「消費税」とは？

みなさんは、何かものを買ったり、サービスを受けたときに「消費税」を支払いますね。
それは、子どもでも大人でも日本で買い物をすれば、必ず払うものです。
しかし、「消費税」について、10％だということは知っていても、それ以外のことについて詳しく考えたことはなかったのではないでしょうか？
ここでは、消費税とは何か？を学習していきましょう。

1 そもそも「消費」ってなに？

「消費」という言葉を調べてみると、「金・物・労力などを使ってなくすこと」とか「人が欲望を満たすために、財貨・サービスを使うこと」ということがわかります。したがって、消費税は「使ってなくなる財貨やサービスに対してかかる税金」ということになります[01]。

*01) そして、消費する私たちのことを「消費者」といいます。

2 いろいろな「消費税」

消費税には、特定の財貨やサービスの消費に対して課税する酒税やたばこ税も含まれます。これらの特定の消費に対する消費税を「**個別消費税**」といいます。

これに対し、みなさんがよく聞く「消費税」は、原則として国内におけるすべての商品の販売やサービスの提供に対して広く薄く課税するため、「**一般消費税**」と呼ばれています。

この本では、一般消費税について学習していきます。

Section 2 税金とは

(3級)

みなさんは「税金」と聞いて何を連想するでしょうか？（払いたくないもの…という意見は置いておいて）３月の確定申告や年末調整、お酒やたばこにかかる税金、土地にかかる税金…。

そして、みなさんが気付かないところでも税金を払っていたりします。

この Section では、主な税金の特徴といろいろな約束を見ていきましょう。

1 さまざまな税金

みなさんは何種類の税金を知っていますか？

個人がもうけた分にかかる所得税や住民税、会社にかかる法人税や事業税、お酒やたばこが好きな人は酒税やたばこ税を支払っています。

他にも、自動車を持っている人は自動車税環境性能割（旧自動車取得税）や自動車税、ガソリン税を支払っていますし、家を持っていれば固定資産税なども支払うことでしょう。さらに温泉が好きな人は入湯税という税金を払っています。

また、人から財産をもらったり引き継いだりした場合は、贈与税や相続税を支払うことになります。

このように、みなさんは生活のいろいろな場面で税金を少しずつ支払っているのです。

みなさんは、何種類くらいの税金があると思いますか？大体50種類くらいあるといわれています。

目的別にみると次のように分類されます。

1．公共サービスのための資金

　私たちの生活は、税金によるさまざまな行政サービスで支えられています。

　例えば、税金によって道路を整備し、学校や病院を作ります。また、ごみの収集、防衛や警察、環境の整備、介護など、行政サービスの提供を受けています。

　税金はこれらの**行政サービスを行うための最も重要な資金源**であるといえます。

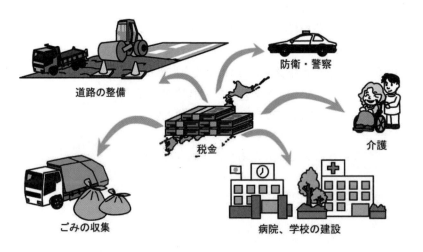

2．所得再分配

　世の中には、お金持ちの人もいれば、貧乏な人もいます。お金持ちの人から税金を徴収し、その分を貧乏な人に分配する役割を果たしています。

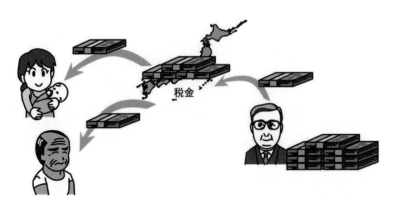

3．景気調整

　景気が急激に変動すると、私たちの生活に大きな影響を及ぼします。そのため、好況期に税金を増加して、不況期には税金を低く抑えることにより景気を安定させます。

4．その他の政策的な目的

　税金は、人口政策や文化政策などの目的に利用されることがあります。

　例えば、所得税の扶養控除を多くすることで人口を増やそうとしたり、一定の寄附金について税金を免除したりすることで、学芸を奨励することなどがあげられます。

３ 税金の分類

税金は色々な角度から、次のように分類されます。

１．国税と地方税

　「誰が税金を受け取るのか」という観点から、国の機関（税務署など）が受け取る「**国税**」と、都道府県や市町村などの地方公共団体が受け取る「**地方税**」とに分けることができます[*01]。

２．内国税と関税

　国内の人や物に課される税を「**内国税**」、外国から輸入される貨物に対して課される税を「**関税**」といいます。

３．直接税と間接税

　「誰が税金を負担するのか」という観点で、税金を負担する者が納める税を「**直接税**」といい[*02]、負担する者と納める者が異なる税を「**間接税**」といいます[*03]。

４．収得税・財産税・消費税・流通税

　「**収得税**」は、もうけがあったことについて、税金を納めるもので[*04]、「**財産税**」は、財産となるものを買ったり、持っていたりすることについて税金を納めるものです[*05]。

　「**消費税**」は、物やサービスを消費したときに課税されるもので、「**流通税**」は、財産や権利の移転について課されるものです[*06]。

５．普通税と目的税

　「税金を何に使うのか」という観点で分けられます。特に用途を限定しないものを「**普通税**」と呼び、特定の経費に充てるものを「**目的税**」といいます[*07]。

６．申告納税と賦課課税

　「誰が税金を計算するのか」という観点で分けられます。自分で税金を計算し、申告書を作成・納付する方式を**申告納税方式**[*08]といい、税務署等が税額を計算し、納税者に知らせる方式を**賦課課税方式**[*09]といいます。

*01）例えば、所得税は「国税」、道府県民税や市町村民税は「地方税」です。

*02）所得税などがあげられます。

*03）例えば消費税などがあげられます。私たち消費者は物を買うときに商品代と一緒に消費税を支払いますが、消費税を税務署に納めるのはその商品を販売したお店です。

*04）所得税や、法人税、住民税や事業税などがあげられます。

*05）相続税や固定資産税があげられます。

*06）「消費税」と「流通税」はとても内容が似ており、区別するのは困難ですが、例えばサービスの消費は流通していないので、「消費税」といえます。「流通税」には印紙税や登録免許税などがあげられます。

*07）東日本大震災からの復興に充てる「復興特別所得税」は目的税の一つです。

*08）所得税や法人税などは私たち自身で計算します。

*09）国税では、一定の消費税等（酒税、たばこ税など）や加算税（過少申告加算税など）、地方税では固定資産税などが該当します。

Section 3 憲法と法律と消費税

3 級

私たちは、何気なく税金を支払っていますが、これは、勝手に税金を取っているわけではなく、きちんとした決まりがあります。そして、その決まりも勝手に決められているわけではありません。

この Section では、憲法や法律をほんの少しだけ学習しましょう。

1 憲法と法律

日本の最高法規である日本国憲法[01]では、「国民は納税の義務を負う（憲法第30条）」と定められており、また、「新しく税金を制定したり、今ある税金を変えるときは法律に規定する（憲法84条）」というように定められています。

つまり、消費税をはじめとする税金は、国民の代表である国会の議決である「法律」によって定められなければならないと規定されているのです。これを「租税法律主義」といいます[02]。

そして、所得税は「所得税法」、法人税は「法人税法」、消費税は「消費税法」などそれぞれの法律によって定められています[03]。

2 税金に関する法律の体系

法律は次の図で表すことができます。

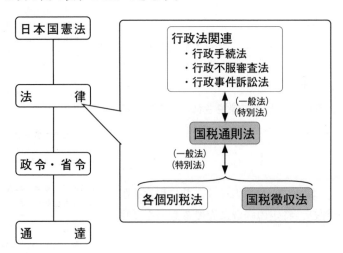

*01）法律は憲法の下の位置におかれます。

*02）ところで、「憲法」と「法律」の違いはなんでしょうか？憲法も法律も、どちらも「社会の秩序を守るためのルール」と言えますが、法律は、国家権力（公務員や裁判所など）が国民に対して規制を行うのに対し、憲法は、憲法が国家権力に対して規制を行います。そして憲法を制定する主権は国民にあるのです。

*03）「税金の法律」を略して「税法」と呼ぶこともあります。

3 税金に関する法律

税金に関する法律は、まず基本的・共通的な事項を「国税通則法」という法律で定めています。

そして、所得税法や消費税法などの各税法では、税金を納める必要がある人（納税義務者）、何に対して税金をかけるか（課税対象）、税金をかける率（税率）などを具体的に定めていきます[01]。

みなさんは、これから消費税法の具体的な内容を学習していくことになります。

*01）また、国が税金を集めるための手続きを定めた「国税徴収法」という法律があります。

4 その他の決まり〜施行令・施行規則・通達

一般的に税法とは、税の納付に関する国と納税者との間の法律関係を示した文章です。法律構成というと難しく聞こえますが、消費税法とは、消費税の納付に関して「なにを」「だれが」「いつ」「どこで」「どれだけ」「どうする」といった内容が具体的に示された文章と捉えられます。

消費税法の構成は、消費税法[01]で大綱を定め、**施行令や施行規則**[02]で技術的な事項、様式的な事項をそれぞれ規定しています。**基本通達**[03]は、法律や施行令、施行規則の解釈や運用方針などを示しています。

*01）消費税法内での主な法律という意味で「本法」ということもあります。

*02）施行令は政令ともいい閣議で決められた国のルールです。また、施行規則は省令ともいい、内閣総理大臣や各省（消費税法であれば財務省）の大臣が決めた国のルールです。

5 法律の文章〜条文

法律や法令、条約の文を「条文」といいます。条文は箇条書きにされていて、例えば、次のように記されています。

> （定義）
> 第二条　この法律において、次の各号に掲げる用語の意義は、当該各号に定めるところによる。
> 　　一　国内　この法律の施行地をいう。
> 　　二　保税地域　関税法（昭和二十九年法律第六十一号）第二十九条（保
> 　　　　　　　税地域の種類）に規定する保税地域をいう。
> （省略）
> 2　この法律において「資産の貸付け」には、資産に係る権利の設定その他他の者に資産を使用させる一切の行為（一部略）を含むものとする。
> （以下略）

*03）基本通達とは、行政機関の内部文書で、上級機関から下級機関への法令の解釈などを示しています。消費税法などの国税は上級機関である国税庁の長（国税庁長官）が、全国を統一する解釈を図るために、下級機関である国税局や税務署に対して示しています。

上記は、「消費税法　第二条」の条文の一部です。

第二条の後には第1項の「1」が省略されています。「2」は2項といいます。そしてその後の漢数字は「一号」「二号」というように読んでいきます。

ですので、上記文の「一　国内」は条文の番号でいうと「消費税法第二条第一項一号」となります。

消費者とお店の消費税

消費税の納税義務者である事業者は、商品を販売する際、その売上げに対し 7.8％（国税分）の税金を預かります。ここで問題となるのが、商品を購入した人はすべて「消費者」なのか？、という点です。つまり、購入者は「消費」をするためでなく「販売する」ために購入していた場合、「消費」はしません。

消費税は、あくまでも消費する消費者が負担する税金であるため、このような販売等の、消費を伴わない購入等に対して、税金の負担が発生することを避けるため、以下の仕組みを採用しています。

1 消費者側の消費税

私たち消費者は、お店で商品を買ったときやサービスを受けたときに、消費税を含めて代金を支払います。

例えば、1,000円の本を 1 冊買ったとき、1,000円と合わせて消費税額 100円（消費税の国税及び地方税の合計税率10％）を本屋さんに支払っています。

> 1,000 円 +1,000 円× 10%
> = 1,000 円× 1.1
> = 1,100 円（→お店に支払うお金）

これを仕訳の形で考えると、次のようになります。

本	1,000	現金	1,100
消費税 [01]	100		

*01）仕訳の科目では正しくは「仮払消費税」なのですが、ここでは説明をわかりやすくするために単に「消費税」として説明します。

消費者は、消費税を商品といっしょに本屋さんに支払うのみで、その後は何の手続きもありません。

2 お店側の消費税～売り上げた場合～

一方、上記の本を売った本屋さんの立場で考えてみます。本屋さんは、消費者から消費税分を含めて代金を受け取っています。

仕訳で考えると、次のようになります

現金	1,100	本　　（売上）	1,000
		消費税（消費者から預かった分）	100

そして、本を売ったお店は、消費税を税務署に納付 [01] します。

消費税（消費者から預かった分）	100	現金（税務署へ）	100

*01）税金の支払いを特に「納付」といいます。

これをまとめてみると次のようになります。

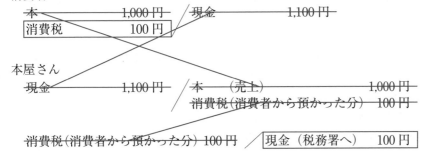

このように、お店側は消費者から消費税分を多く受け取りますが、結局税務署に預かった消費税を支払うため、手元には残りません。したがって、消費税（この例では本に対する消費税100円）は、本を買った消費者が負担しています。そして、消費者の代わりに税金を税務署に納付しているのは、お店側なのです。

このように、実際に消費税を負担する人（消費者）と消費税を税務署に納める人（お店）が違う税金を「間接税」[*01]と呼ぶのです。

3 お店側の消費税〜仕入れた場合〜

上記 2 では本を買った側（消費者）と本を売った側（お店）で、消費税を考えましたが、もう一度お店側で考えてみます。

お店では、販売する商品を他の会社から買って（仕入れて）います。つまり、お店も商品を買ったときには消費者のような仕訳をしています。

例えば、先ほど1,000円で売った本を、B社から600円で仕入れていたとします。

このときの仕訳は次のようになります。

| 本（仕入） | 600 | 現金 | 660 |
| 消費税 | 60 | | |

先ほど、消費者から預かったお金を本屋さん側が税務署へ納付するように、B社へ預けた消費税はB社が税務署へ納付することから、この本屋さん側では仕入れた分の消費税を税務署へ払う必要はありません。

したがって、実際にお店が税務署へ納付する消費税は

消費者から預かった消費税100円ーB店に支払った消費税60円 ＝40円

となるのです。

いいかえると、消費者が負担している100円の消費税は、本屋さんが40円、B店が60円と、消費者に替わってそれぞれ税務署に納付しているのです。

消費する場所と取引

消費税は、日本の法律で決められている税金です。つまり、日本ではないところでは、日本の税金の決まりが適用されないことになります。消費税は物を買ったりサービスを受けたりした場合に税金を払う必要があるものですから、買ったものやサービスが、どこで消費されるのかが重要になります。それは、販売する人と購入する人がどこで取引するのかということにもつながります。

この Section では、消費する場所と取引について学習していきましょう。

1 消費をする場所

消費税は、物や品物（「物品」といいます）、サービスを消費することに対して、税金が課税されます。

私たち消費者は日本に住んでいるので、日本国内で本などの物品を購入して消費したり、レンタカーなど物品を借りたり、税理士に申告書を作ってもらうなどのサービス（「役務」といいます）の提供を受けたりすると消費税を負担します。

一方、お店側から見ると、消費者に対して物品を売ったり（「譲渡」といいます）、物品を貸したり、役務の提供をすると消費税を消費者から預かり、税務署に納付する必要が生じるのです。

なお、お店が所有しているもので収益をもたらすと期待される物品を「資産」といいます。お店が販売する商品や現金、土地や建物など*01)です。

*01) 資産にはこれらの他にも、有価証券などそのもの自体に価値があるものと、繰延資産のようにそのもの自体に価値がないものがあります。

2 輸入したもの

日本では、日本国内で販売したり貸し付けた物品の他に、海外からも物品を輸入して国内で消費しています。例えば国内で販売した物品には消費税が課税され、輸入した物品には消費税が課税されないと不公平ですので、輸入されて国内で消費される物品も消費税が課税されます*01)。

> **消費税法〈国内〉（第2条①一）**
> 　消費税の施行地*02)をいう。

*01) 国外の取引は、国内で消費しないので消費税の対象となりません。

*02) 施行地とは法令の効力を発生させる場所をいい、日本の法律は日本が施行地となります。なお施行は「せこう」とも読みます。

3 国内取引と輸入取引

消費税の対象となる取引*01)は次の取引となります。

国内取引・・・国内で行われる

　　　　①資産の譲渡 ⎫
　　　　②資産の貸付け ⎬ の取引
　　　　③役務の提供 ⎭

輸入取引・・・物品の購入　の取引

*01) 取引とは、契約や合意などのもとに、金品や事柄をやり取りを行うことをいいます。例えば本屋さんは1,000円で本を売ること、消費者は1,000円で本を買うことにそれぞれ合意しているのです。

Section 6 消費税を納める人 〔3級〕

Section 4で、消費税を負担する人は消費者ですが、消費税を実際に税務署に納付するのはお店側であるということがわかりました。

消費者は負担するだけなので、消費税法を学習するにはお店側の立場で学習するのが良さそうです。

このSectionでは消費税を納める人について学習しましょう

1 仕事と事業

消費税を税務署に納める人は、簡単に言うと「事業*01)をしている人」です。事業とは「生産・営利などの一定の目的を持って継続的に、組織・会社・商店などを経営する仕事」をいいます。つまり、「会社や組織が行う仕事」です。

*01)事業と似ている言葉に「仕事」があります。仕事とは、例えば「生計を立てる手段として従事する事柄」をいいます。「仕事」という言葉は個人が行うことについて用いること（例えば、「私の仕事は医者です」など）が多いです。

2 個人事業者と法人

消費税法では、この「事業をしている人」を、事業をしている個人（「個人事業者」といいます。）と「法人」というように規定していて、まとめて「事業者」といいます。

「個人事業者」は個人で商売（事業）をしている人、つまり、八百屋さんやパン屋さんなどをイメージするといいでしょう。

「法人」は、みなさんが知っている形式では株式会社が一般的で、法律によって「人」と同じように権利*01)が認められ、義務が生じている団体（法人格）などをいいます。

*01)人の集団や財産が法人です。例えば、団体が法人格をもつと、個人と同じように、その団体の名前（○○株式会社など）で、預金通帳を作ったり、土地や建物を買ったりすることができます。一方、個人と同じように利益が出たら一部を税金として納付するなどの一定の義務も生じます。

> **消費税法〈事業者〉（第2条①四）**
> 個人事業者（事業を行う個人をいう）及び法人をいう。

3 輸入したもの

輸入したものについては、個人・法人関係なく、輸入した人*01)が消費税を納めます。つまり、個人でも事業者でも消費税を支払います。詳しくはChapter 6で学習します。

*01)もう少し詳しく言うと「外国貨物を保税地域から引き取った人」が消費税を納めます。

4 納税義務者

税金を納めなければならない人を「納税義務者」といいます。消費税の納税義務者は、2と3から、事業者と輸入した人となります。

消費税を計算する期間

消費税は、納税義務がある事業者が消費税を計算する必要があります。
ところで、その消費税を計算する期間は、いつからいつまでなのでしょう？
この Section では、消費税を計算する期間について学習していきましょう。

1 会計期間

　簿記でも学習しましたが、会社は利益を得るために日々経済活動をしています。そして、利益を計算するために一定の期間で区切って貸借対照表や損益計算書などを作成し、株主や銀行、投資家など（「利害関係者」といいます）に報告する必要があります。この期間を「会計期間」といいます。会計期間は、例えば4月〜3月や10月〜9月など、自由に決めることができますが、その期間は通常1年間となります[*01]。

*01）会社を始めたなど、一定の場合には1年よりも短くなります。また、会社の計算について定める法律（「会社計算規則」といいます）では、特定の場合に計算書類（貸借対照表や損益計算書など）を1年6ヵ月までに作成してもいいという規定もあります。

2 暦年と事業年度

　税金の確定申告書などは、計算期間を必ず最長1年と決めて申告をするように規定されています。
　個人はこの期間を1月1日から12月31日（これを「暦年」といいます）としています。
　法人は、法人税法で規定されています。法人税法では会計期間のことを「事業年度[*01]」といい、いつからはじめてもいいと決まっています。例えば、4月に開始して翌年3月に終了してもいいし、11月にはじめて翌年10月に終了してもいいのです[*02]。

*01）会社法でも「事業年度」といいます。法人税法で規定する「事業年度」は、「会計期間」や、会社の決まりをまとめた「定款」などで定めたものを言いますが、もしその定めがない場合には、税務署に届け出た会計期間等となります。ただし、これらの期間が1年を超える場合は、その開始の日以後1年ごとに区分した各期間（最後に1年未満の期間を生じたときは、その1年未満の期間）が事業年度となります。

3 消費税の課税期間

　消費税では消費税の取引を次の期間に行ったものについて計算し、消費税をかけます。なお、税金をかける期間を「課税期間」といいます。
　(1)個人事業者の場合
　　1月1日から12月31日までの期間（暦年）
　(2)法人の場合
　　その法人の事業年度

*02）3月に終了する法人を「3月決算法人」、10月に終了する法人を「10月決算法人」など、いつ終了するか（いつ決算か）で言い表すことが多いです。

4 輸入した物品の課税期間

　輸入した物品については、輸入したものを保管する「保税地域」というところから引き取るたびに消費税を納付しますので、課税期間がありません。

Section 8 消費税の税率と課税標準 〈3級〉

みなさんは、物を買ったときに、商品の代金とその10%分の消費税をお店に支払いますね。これまで、何回か消費税10%とお話をしてきましたが、実は、消費税は国に支払う分と地方に支払う分があるのです。そして、消費税を計算するための基礎になる金額にも規定があるのです。ここでは、税率と課税標準を学習しましょう。

1 消費税の税率

国税である消費税の税率は、消費税法で「100分の7.8」と規定されています。皆さんは、消費税は10%じゃないの？と思われたと思います。

実は、消費税は10%のうち国に7.8%を納付し、残りの2.2%は「地方消費税」として、各都道府県の分なのです。

具体的には、一旦10%を国で預かり、2.2%分を各都道府県に分配するのです。

なお、酒類、外食を除く飲食料品などについては、軽減税率が適用され、その国税部分は6.24%、地方税部分は1.76%の合計8%となっています。

2 資産の譲渡等

Secction 5 3 で、国内取引の消費税の対象は、資産の譲渡、資産の貸付け、役務の提供ということを学びました。これらを合わせて「資産の譲渡等[*01]」といいます。国内取引では、この資産の譲渡等のうち、消費税が課税される「課税資産の譲渡等」の対価の額を課税標準としています。

> *01）Chapter 3 で詳しく学習します。ここでは、言葉だけ覚えてください。

> **消費税法〈資産の譲渡等〉**
> 第2条①八　事業として対価を得て行われる資産の譲渡及び貸付け並びに役務の提供（代物弁済による資産の譲渡その他対価を得て行われる資産の譲渡若しくは貸付け又は役務の提供に類する行為として政令で定めるものを含む。）をいう。

3 課税標準

Secction 4 で、消費税を計算するために1,000円の本に税率10%をかけて100円という消費税額を計算しました。このとき、10%をかけた1,000円は、消費税額を計算するための基礎となる金額です。この基礎となる金額を「課税標準」と呼びます。

課税標準も国内取引と輸入取引で異なります。

国内取引の課税標準は、課税資産の譲渡等の対価の額となります。

輸入取引の課税標準は、保税地域から引き取られる課税貨物の取引価格（関税定率法の規定に準じて算出した価格）に一定の金額を加算した金額となります。

税込経理と税抜経理

消費税は、事業者が消費者から代金を受け取るときに合わせて預かる場面と、他の事業者に代金を支払うときに合わせて支払う場面の2つの場面があることがわかりました。事業者は日々の取引を仕訳して帳簿に記録していきます。そのときに消費税を記録する2つの方法があります。この Section では、消費税の記帳方法について学習しましょう。

1 会計の売上と消費税法の売上げ

　会計では、売上といえば通常は商品を売ったり、サービスを提供した場合を指します。しかし、消費税法でいう売上げは入金全般や資産等の流出全般を指し、商品を売上げただけでなく、固定資産などを売却したときにも消費税を預かっているのです。

2 会計の仕入と消費税法の仕入れ

　会計では、仕入と言えば主に販売用の商品を買った場合を指しますが、消費税法における仕入れは出金全般や資産等の譲り受けを指します。つまり、商品を仕入れただけでなく、固定資産などを取得したときや一定の費用を支払った場合にも消費税を合わせて支払っているのです。

3 税込経理方式と税抜経理方式

　事業者が取引の仕訳を行う場合、消費税を含めた状態で行う「税込経理方式」か、消費税を区分して行う「税抜経理方式」のいずれかで行われます。

　税込経理方式とは、取引の額と消費税を区分しないで経理する方法をいいます。

　例：○○商店は6,600円で仕入れた商品を消費者に9,900円で販売し現金で受け取った。

　仕訳
仕入時	仕入	6,600 ／	現金	6,600
販売時	現金	9,900 ／	売上	9,900

　一方、税抜経理方式とは、取引の額と消費税を区分して経理する方法をいいます。このとき、他の事業者に支払う際の消費税を「仮払消費税等[*01]」、消費者や他の事業者から受け取る際の消費税を「仮受消費税等[*01]」という勘定科目でそれぞれ仕訳します。

*01) 消費税等は、消費税法が規定する消費税（国税）と地方税法が規定する地方消費税（地方税（都道府県税））の総称で、「消費税等」の「等」は消費税のほか地方消費税も含まれます。

例：○○商店は6,600円で仕入れた商品を消費者に9,900円で販売し現金で受け取った。

仕訳

仕入時	仕入	6,000	現金	6,600
	仮払消費税等	600		
販売時	現金	9,900	売上	9,000
			仮受消費税等	900

4 それぞれの利益

上記のそれぞれの方式で、損益計算書を作成してみます。

税込経理方式		税抜経理方式	
売上	9,900	売上	9,000
仕入	6,600	仕入	6,000
利益	3,300	利益	3,000

　このように、税込経理方式と税抜経理方式では、税込経理方式の方が利益額が大きくなります。ただし、税込経理方式につき、この利益調整をする仕訳（上記の場合は　租税公課　300/未払消費税　300）を行うことにより、利益が税抜経理方式と同額となるようにすることができます。

5 どちらがいいの？

　税抜経理方式では、仕訳の都度、仮払消費税等や仮受消費税等を分けなければいけないので仕訳は煩雑になりますが、税込経理方式ではその必要がなく、事務手続きは楽になります。

　ただし、別の税法である法人税法では規定により、購入した金額によって適用を受けられるか受けられないかが決まっている制度があり、税込経理方式か税抜経理方式かで変わってきます。

　例えば、法人税法では30万円未満の資産については、買ったときに費用にできる規定があります。仮に本体価格が280,000円、消費税込みで308,000円の机を買った場合、税込経理方式だと資産計上しなければなりませんが、税抜経理方式の場合は280,000円となり、一度に費用にすることができます[01]。

　他にも、交際費が800万円を超えた場合、その超えた部分は法人税法上の費用にできない規定があります。例えば、8,690,000円（7,900,000円×1.1）の交際費の場合、税抜経理だと7,900,000円で全額税務上の費用となりますが、税込経理では690,000円は税務上の費用となりません。

　したがって、手間を考えれば税込経理方式が楽ですが、節税という点でいえば税抜経理方式がいいといえる場合が少なくないです（逆に取得価額が一定金額以上であることにより受けられる優遇規定もあり、税込経理方式の方が有利となる場合もあります）。

[01]税込でも最終的には308,000円が費用になるので、長期的には変わりません。

コラム なぜ地方消費税があるの？

地方消費税は、「地方自治体に安定した独自財源を確保させること」が目的で、村山内閣のときに創設*01)されました。道府県が得る税収は住人にかける「都道府県民税」や法人にかける「事業税」がメインとなります。

すると、人や法人が多い都市部は税収が多くなりますが、過疎が進んでいる地方では税収が少なくなり、都市と地方で大きな格差が生まれます。

しかし、住人ひとりの消費額は大きな差を生まないため比較的一律の金額が入る消費税は、各地方の社会保障の財源に最適なのです。

Chapter 2

消費税の計算パターン

Chapter 1 で学習したように最終的に消費税を負担するのは消費者ですが、実際に納付するのは事業者です。

ここでは、消費税の納付税額を求める具体的な計算パターンを見ていきます。

Section

消費税法の構成

税金は、それぞれの税法によって定められています。税法では、税金の定義や税金を課税する対象、期間、税率などの総則や、その税法に特有な計算の方法、また、税金を納めるための申告書などの規定があります。

この Chapter では、消費税法の構成を簡単に見ていきましょう。

1 消費税法の流れ

消費税法は第1条～第67条まであり、以下のように定められています。

消費税法の章建	内容	このテキストの Chapter
第1章　総則 (第1条～第27条)	定義 課税の対象 納税義務者及び免税事業者 非課税 納税義務の成立 課税期間 納税地　など	Chapter 2 ～ 6 Chapter14
第2章　課税標準及び税率 (第28条・第29条)	課税標準、税率	Chapter 7
第3章　税額控除等 (第30条～第41条)	消費税額の控除等	Chapter 8 ～ 12
第4章　申告、納付、還付等 (第42条～第56条)	中間申告、確定申告、還付を受けるための申告など	Chapter13
第5章　雑則 (第57条～第63条)	届出、帳簿の備え付け等、国、地方公共団体等に対する特例など	学習しません
第6章　罰則 (第64条～第67条)	消費税のほ脱犯、無申告犯など	学習しません

2 内容1〜総則

　総則では、消費税を何にかけるのか、消費税を納めなければならない人、消費税を納める場所など、消費税の基本的な内容が定められています。

　課税の対象→何に課税するの？

　納税義務者→消費税を納めなければならない人は？

　納税義務の成立→何をしたら消費税を納めなければいけないの？（国
　　　　　　　　　税通則法）

　課税期間→いつ課税するの？

　納税地→どこに申告書を提出するの？

3 内容2〜課税標準及び税率

　課税標準とは、消費税額の計算の基礎となる金額のことをいい、消費税率もここで定められています。

4 内容3〜税額控除等

　消費税は、預かった消費税額から、自分が支払った消費税額を引いて（控除して）残りを税務署に支払います。

　税額控除とは、（消費）税額から控除するもの、つまり自分が支払った消費税について規定しています。計算には原則的な方法と、簡易的な方法があります。

5 内容4〜申告、納付、還付等

　消費税を税務署に納める（納付する）のに、いつまでに納付しなければならないか、確定申告、中間申告の方法、預かった消費税よりも支払った消費税が多い場合のお金を戻してもらう方法（「還付」といいます）などを規定しています。

6 内容5〜雑則、罰則

　消費税法のための色々な届出や、帳簿の備え付けの規定、消費税を支払わなかったり、申告しなかった場合の罰則を規定しています。なお、このテキストでは学習しません。

消費税確定申告書の様式

Section 1 では、消費税法の構成を学習しました。実際に消費税を納付する場合は、「申告書」というものに計算内容を記載して、税務署に申告する必要があります。
ここでは、確定申告書の様式を通じて、Section 1 で学習した消費税法の構成と照らし合わせて、内容を再確認していきましょう。

1 確定申告書と条文

　これは、消費税の確定申告書の用紙です。よく見ると、課税標準額から、納付税額まで、Section 1 でみた条文の第二章と第三章の順番に並んでいることがわかります。したがって、消費税の構成をあらかじめ学習しておくと、消費税の計算の理解がスムーズになります。

　また、申告書の下の方では、地方消費税の計算をしています。消費税法の条文のとおり、まず、国税である消費税を計算し、その後、地方消費税額を計算していることがわかります。

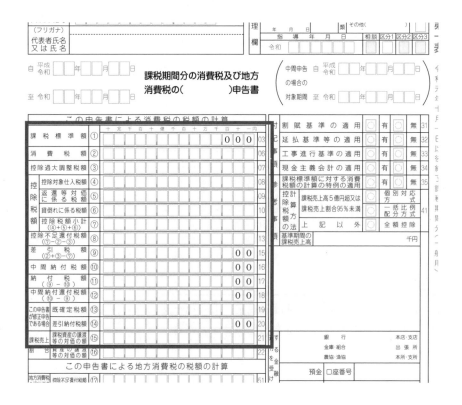

Section 3 消費税のステップ 3級

事業者は「預かった消費税」から「支払った消費税」を差し引いた額を納付税額として納めます。ここでは、消費税の納付税額を求める具体的な計算方法を学習していきましょう。

1 消費税のステップ

実務上消費税を計算するためには、大きく2つのステップがあります。

期首   期末   申告期限

期中取引
→取引の分類

| 中間申告書の
作成・納付 | | 確定申告書の
作成・納付 |

Step 1

まず、期中の取引を、消費税法が決める分類方法によって分類していきます。このテキストでは、Chapter 3 から Chapter 5 までで学習していきます。

消費税の取引を次に分類し、仕訳を行う

   不課税取引、非課税取引、輸出取引、課税取引
   輸入取引

Step 2

期中の取引の分類が終わったら(すなわち、決算になったら)、消費税の計算を行い、Section 2 の申告書に記載していきます。

Ⅰ 課税標準額に対する消費税額を求める
 1.「課税標準額」を求める
 2.「課税標準額に対する消費税額」を求める
Ⅱ 控除税額を求める
Ⅲ 納付税額を求める
 1.「差引税額」を求める
 2.「納付税額」を求める

2 消費税を計算するために必要なこと

消費税を計算するためには、必要なことが何点かあります。

それは、
① 事業者は、消費税を納めなければならない事業者かどうか
　　（→課税事業者、免税事業者）
② 事業者が行う取引が消費税を納めなければならない取引かどうか
　ということです。
　　（→課税取引、非課税取引、不課税取引、免税取引）

また、この本では学習しませんが、実務上では、
③ 期中の取引をみて、課税事業者になるかどうか？課税方法（原則
　方式か簡易課税方式か）を選択する必要がある
　ということがあります。

Chapter 6 では事業者（課税事業者か免税事業者か）について、
Chapter 3 では、取引（取引の分類）について学習していきます。

3 納付税額の計算方法

納付税額の計算は、以下のような手順で計算します[*01]。

(1) **預かった消費税（＝課税標準額に対する消費税額）**

① 課税標準額

$$77,000円^{*02} \times \frac{100}{110} = 70,000円 \text{（1,000円未満切捨）}$$

② 課税標準額に対する消費税額

$$70,000円 \times 7.8\% = 5,460円$$

(2) **支払った消費税（＝控除対象仕入税額）**

$$66,000円^{*03} \times \frac{7.8}{110} = 4,680円^{*04}$$

(3) **納付税額**

① 差引税額 (1)－(2)

$$5,460円 - 4,680円 = 780円 \rightarrow 700円 \text{（100円未満切捨）}$$

*01) 合計税込売上高が77,000円、合計税込仕入高66,000円とした場合の計算です。

*02) 預かった消費税の計算では、一課税期間の課税売上げの合計額（税込）から、計算式を使って求めていきます。

*03) 支払った消費税の計算では、一課税期間の課税仕入れの合計額（税込）から、計算式を使って求めていきます。

*04) ここで円未満の端数が生じた場合には、切捨てます。

〈差引税額がマイナスとなった場合〉

　差引税額がマイナスとなったときは、支払った消費税が還付金として戻ってくるため「**控除不足還付税額**」と呼び方が変わります。

　なお、マイナスの場合は、百円未満の切捨ては行いません。

（例）　課税標準額に対する消費税額　　3,520 円

　　　　控除対象仕入税額　　　　　　　5,800 円

　　　　控除不足還付税額　　　　　　　2,280 円（プラスで表示）

> 切捨てない

②　**納付税額**（差引税額から中間納付税額を差し引きます）

　　700円 − 0円 = 700円

　　　　　　　└─ 中間納付税額[*05]

〈納付税額がマイナスとなった場合〉

　差引税額から「中間納付税額」を引いた結果マイナスとなったときは中間納付により支払済みの消費税が還付されるため「**中間納付還付税額**」と呼び方が変わります。

（例）　差引税額　　　　　　　　　　　2,800 円

　　　　中間納付税額　　　　　　　　　5,100 円

　　　　中間納付還付税額　　　　　　　2,300 円（プラスで表示）

*05）納付する税額が多額の場合、納付する税金の一部を前払いすることがあります。これを中間納付税額といいます。詳しくは、Chapter13で学習します。

次の【資料】に基づいて、課税標準額に対する消費税額、控除対象仕入税額、差引税額、納付税額を計算しなさい。

【資料】

(1) 課税売上高（税込）　162,355,410円

(2) 課税仕入高（税込）　113,648,641円

(3) 中間納付税額　　　　　920,000円

解　答

課税標準額に対する消費税額	11,512,410円
控除対象仕入税額	8,058,721円
差引税額	3,453,600円
納付税額	2,533,600円

解　説

(1) 課税標準額に対する消費税額

①　課税標準額

$162,355,410円 \times \dfrac{100}{110} = 147,595,827円 \rightarrow 147,595,000円$　（1,000円未満切捨）

②　課税標準額に対する消費税額

$147,595,000円 \times 7.8\% = 11,512,410円$

(2) 控除対象仕入税額

$113,648,641円 \times \dfrac{7.8}{110} = 8,058,721円$

(3) 納付税額

①　差引税額

$11,512,410円 - 8,058,721円 = 3,453,689円 \rightarrow 3,453,600円$　（100円未満切捨）

②　納付税額

$3,453,600円 - 920,000円 = 2,533,600円$

Chapter

取引の分類⑴
課税の対象

消費税の学習にあたって最重要項目といえるのが「取引の分類」です。

取引の分類は、はじめに、消費税の対象とする「消費」の概念である「課税の対象」

に入る取引と入らない取引の分類から行います。

ここでは、課税の対象の4要件について詳しく見ていきます。

この分類の考え方が消費税の学習の基礎となりますので、しっかり理解しましょ

う。

Section

課税の対象と取引の分類

3級

消費税はすべての取引に課される税金ではありません。消費税法では「こういう取引には消費税を課します。」という要件が明らかにされており、その要件を満たせば消費税法が適用されることとなります。

取引がどのように分類され、そのうち、どの取引に消費税が課されるのか、その概要を確認していきましょう。

1 取引の分類の流れ

取引の分類の流れです。

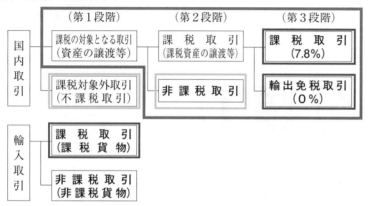

まず、取引が資産の譲渡等に該当するかどうか（第一段階）を学習します。このChapterでは、第一段階の資産の譲渡等とそれ以外の取引（不課税取引）を見ていきます。

なお、次のChapter 4では、資産の譲渡等のうち「非課税取引に該当するもの」を学習し（第二段階）、さらにChapter 5では「輸出に関するもの（免税取引）」を学習していきます（第三段階）。

輸入取引の場合は、国内取引と異なり課税貨物に該当するか非課税貨物に該当するかを分類していきます。

2 ｜ 消費税の課税の対象

消費税を何に対して課税するか、つまり消費税の課税の対象は、国内において事業者が行った**資産の譲渡等**及び保税地域から引き取られる**外国貨物**です[*01]。

> **消費税法〈課税の対象_国内取引〉（第４条①）**
> 国内において事業者が行った資産の譲渡等（一定のものを除く。）には、消費税を課する
> **消費税法〈課税の対象_輸入取引〉（第４条②）**
> 保税地域から引き取られる外国貨物には、消費税を課する。

*01）各項目の具体的な内容について、詳しくは後で学習します。ここでは、概要を押さえることに重点を置いて下さい。なお、特定仕入れは１級で学習します。

3 ｜ 取引の分類

消費税の課税の対象を知るためには、事業者等が行った取引を分類する必要があります。

２で学習したとおり、消費税法では、たくさんある取引のうち、まず、取引を国内で行う「国内取引」と、海外から輸入して日本国内で消費する「輸入取引」にわけて考えます。

さらに、消費税法が適用される取引は、これから学習する手順に従って分類し、消費税の課税の対象を抜き出して計算していくのです。

4 ｜ 資産の譲渡等の意義

国内取引については、「資産の譲渡等」[*01]に該当するかが取引の分類のための基礎となります。「資産の譲渡等」は、Chapter 1 Section 8 で学習しましたが、詳しくは「**事業として対価を得て行われる資産の譲渡及び貸付け並びに役務の提供**」のことをいいます。

*01）財貨やサービスの消費のことを言います。

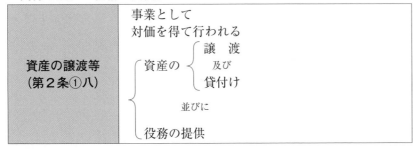

資産の譲渡等 （第２条①八）	事業として 対価を得て行われる 資産の｛譲渡 及び 貸付け｝ 並びに 役務の提供

具体的には、以下の**4要件をすべて満たす取引**が国内取引の課税の対象となります[*02]。

⑴　**国内において行うものであること（第4条①より）**

⑵　**事業者が事業として行うものであること**

⑶　**対価を得て行われるものであること**

⑷　**資産の譲渡及び貸付け並びに役務の提供であること**[*03]

〉第2条①
八より

次のSectionから上記4要件について詳しく学習していきます。

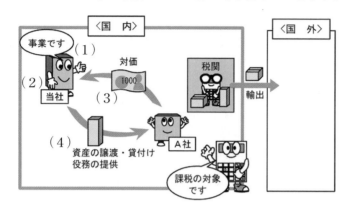

＊02）消費税法では、国内取引について次のものに消費税を課税することとしています。
どこで⇒国内において（Section2 1 で説明します）
だれが⇒事業者が（Section2 2 で説明します）
何を行った⇒資産の譲渡等（Section2 4 で説明します）

＊03）「資産の譲渡等」に資産の貸付けや役務（サービス）の提供も含まれる点に注意しましょう。

Section 2　国内取引の課税の対象

3 級　2 級

Chapter 1 では、消費税が財貨やサービスの消費に対して課税され、その納付は、商品等を販売等した事業者が行うことを学習しました。それでは、消費税の課税の対象とする（消費税法が適用される）財貨やサービスの消費とはどのような取引を指すのでしょうか？

ここでは、国内取引の消費税の課税の対象となる4要件について学習しましょう。

1　要件1：国内において行われるもの

消費税は国内で行われた資産の譲渡等に対して税金の負担を求めています。そのため、課税の対象と判断するためには、まず資産の譲渡等が国内で行われたか否かを判断する必要があります。

具体的には、資産の種類別、役務の提供ごとに判定を行います。

1．資産の譲渡又は貸付けの場合（法4③一、令6①）

資産の譲渡又は貸付けは、その譲渡又は貸付けが行われる時においてその資産が所在していた場所が国内であるか否かに基づき判定を行います[*01]。

ただし、船舶や航空機の譲渡や貸付けの場合、これらは国外と国内を行き来することができることから、所在する場所の判断基準が特殊です。また、特許権や商標権などについては、形として存在しません。そのため、これらについても、それぞれ個別の判定基準で判断します。

[*01) つまり、商品が売られていた場所が国内にあったかどうかをいいます。

(1) 原則　3 級

原　　則	その譲渡又は貸付けが行われる時においてその資産が所在していた場所

(2) 例外　2 級

資産の種類		場所（次の場所が国内であれば国内取引）
船　舶	登録済	船舶の登録をした機関[*02]の所在地（同一の船舶について二以上の国において登録をしている場合には、いずれかの機関の所在地）
航空機	登録済	航空機の登録をした機関[*02]の所在地
特許権、実用新案権、意匠権、商標権等		権利の登録をした機関の所在地（同一の権利について二以上の国において登録をしている場合には、これらの権利の譲渡又は貸付けを行う者の住所地[*03]）
所在場所が明らかでない場合		その資産の譲渡又は貸付けを行う者のその譲渡又は貸付けに係る事務所等の所在地

[*02) 船舶は海運支局や日本小型船舶検査機構、航空機は国土交通省航空局になります。

[*03) 住所地とは、個人事業者の場合には、生活の本拠地を指し、法人の場合には本店所在地を指します。ここでいう生活の本拠地とは、一般的には住民票の登録地といわれますが、必ずしも一致しているとは限りません。

２．役務の提供の場合（法4③二、令6②）

　役務の提供の場合は、その役務の提供が行われた場所が国内であるか否かに基づき判定を行います。

　ただし、その役務の提供が運輸、通信その他国内及び国内以外の地域にわたって行われるものである場合、その他政令で定めるものである場合はそれぞれ個別の判定基準で判断します。

(1)　原則　（3級）

原　　　則	その役務の提供が行われた場所で判断 （役務の提供地が国内であれば国内取引）

(2)　例外　（2級）

役務提供の種類	場所（次のいずれかが国内であれば国内取引）
国際運輸	その旅客又は貨物の**出発地**若しくは**発送地**又は**到着地**
国際通信	発信地又は受信地
国際郵便	差出地又は配達地

次の取引のうち、国内取引に該当するものを選びなさい。

［資産の譲渡又は貸付け］

(1) 内国法人が北海道にある土地を売却する行為

(2) 内国法人がアメリカにある建物を貸し付ける行為

(3) 外国法人が東京支店の車両を売却する行為

(4) 内国法人がパナマで登録している船舶を売却する行為

［役務の提供］

(1) 内国法人が国外において他の内国法人から依頼を受け建物を建設する行為

(2) 内国法人が横浜から上海へ貨物を輸送する行為

(3) 外国法人がロンドンから東京への国際電話料金を受領する行為

解 答

［資産の譲渡又は貸付け］

(1)、(3)

［役務の提供］

(2)、(3)

解 説

［資産の譲渡又は貸付け］

(1) 国内にある資産の譲渡であるため国内取引に該当します。

(2) 国外にある資産の貸付けであるため国外取引に該当します。

(3) 外国法人による取引であっても、国内にある資産の譲渡であるため国内取引に該当します。

(4) 船舶の譲渡が国内取引に該当するかの判定は、その船舶の登録機関の所在地により行います。ここでは船舶の登録地が国外であるため国外取引に該当します。

［役務の提供］

(1) 国外における役務の提供であるため、内国法人間の取引であっても国外取引に該当します。

(2) 国際運輸が国内取引に該当するか否かの判定は、その貨物の出発地、発送地又は到着地のいずれかが国内であるかにより行います。ここでは貨物の出発地が国内であるため国内取引に該当します。

(3) 国際通信が国内取引に該当するか否かの判定は、その通信の発信地又は受信地のいずれかが国内であるかにより行います。ここでは通信の受信地が国内であるため国内取引に該当します。

2 要件2：事業者が事業として行うもの （3級）

消費税法では、法人が行う資産の譲渡及び貸付け並びに役務の提供は、そのすべてが、「**事業として行うもの**」に該当します[*01]。一方、**個人事業者**が生活の用に供している資産を譲渡する場合のその譲渡は、「**事業として行うもの**」には該当しません（基通5-1-1）[*02]。

[*01] 法人は事業目的で設立されているものなので、付随行為を含めてすべてが事業として行うものに該当します。

[*02] 例えば、個人事業者が家庭で利用しているパソコン（生活の用に供している）を売却した場合などは該当しません。

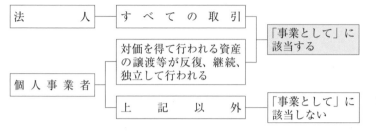

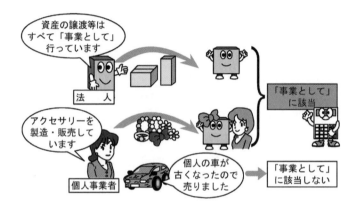

次の取引のうち、**事業者が事業として行う取引**に該当するものを選びなさい。

　⑴　法人が商品を販売する行為
　⑵　法人が無償で役務を提供する行為
　⑶　個人事業者が商品を販売する行為
　⑷　個人事業者が家事用冷蔵庫を売却する行為
　⑸　個人事業者が商品配達用の車両を売却する行為

解　答

⑴、⑵、⑶、⑸

解　説

⑴⑵　法人が行う資産の譲渡及び貸付け並びに役務の提供は、そのすべてが「事業として」に該当します。したがって、⑴⑵がともに事業者が事業として行う取引に該当します。

⑶⑷　個人事業者が行う資産の譲渡及び貸付け並びに役務の提供のうち、反復・継続・独立して行われるものは「事業として」に該当します。しかし、生活の用に供している資産を譲渡する場合の譲渡は、「事業として」には該当しません。したがって、⑶は事業者が事業として行う取引に該当しますが、⑷はこれに該当しません。

⑸　「事業として」行う取引には、付随行為も含まれます。個人事業者が商品配達用の車両を売却する行為は付随行為に当たるため、この行為は事業者が事業として行う取引に該当します。

　取引には、対価*01)を得て行われる「有償*02)取引」と、対価を得ないで行われる「無償取引」があります。

1. 原則（基通５－１－２）　3級

　対価を得て行われる資産の譲渡等とは、**資産の譲渡等に対して反対給付*03)を受けること**をいいます。つまり、事業者が行った資産の譲渡等に関し、何らかの「見返り」がある場合には、対価を得て行われた取引となります。

　ここでいう対価とは、金銭に限らないため、資産の交換等も対価性のある取引に該当します。なお、**無償による取引は、資産の譲渡等に該当しません。**

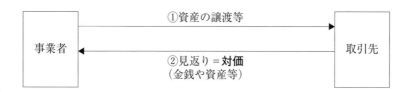

2. 例外（法４④）　2級

　例外として、次の行為は「対価を得ていない取引」にもかかわらず、「事業として対価を得て行われた資産の譲渡」とみなされ、課税の対象となります（**みなし譲渡**）*04)*05)。

(1) 個人事業者が棚卸資産等の事業用資産を家事のために消費し、又は使用した場合におけるその消費又は使用

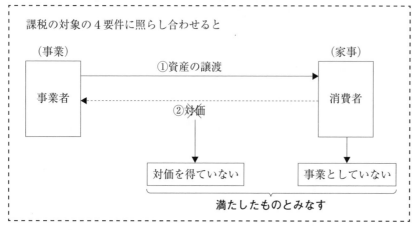

*01) 対価とは「他人に財産・労力などを提供した報酬として受け取る財産上の利益」をいいます。

*02) 有償とは「受けた利益に対して、代価を支払うこと。」をいい、お金だけでなく物で支払うこともいいます。ちなみに、似た言葉に「有料」がありますが、こちらは「料金が必要なこと」をいい金銭に限定しています。

*03) 反対給付とは、一方の給付に対して対価の意味をもつ他方の給付をいい、例えば、売り主の「目的物の給付」に対する買い主の「代金の給付」などをいいます。

*04) これらの取引を認めてしまうことは、恣意的に消費税を少なく納付すること（これを「租税回避行為」といいます）に繋がるため、例外的に課税の対象に含めることとしています。

*05) 「みなす」とは、本来はそうではないものでも、そうとすること、そうと仮定する事をいいます。

⑵ **法人が資産をその役員に対して贈与した場合におけるその贈与**[06]。

＊06）法人が行うすべての取引は事業を目的として行われるため資産の譲渡等に該当することになります。

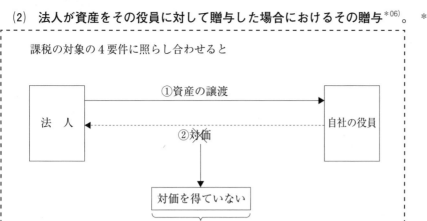

Chapter 1
Chapter 2
Chapter 3
Chapter 4
Chapter 5
Chapter 6
Chapter 7
Chapter 8
Chapter 9
Chapter 10
Chapter 11
Chapter 12
Chapter 13
Chapter 14
巻末付録

3．特殊なケースの対価性の判定　2 級

　資産の譲渡等が対価を得て行われた取引に該当するか否かの判定は、具体的には以下のようになります。

(1)　保険金、共済金等[*01]（基通5-2-4）

対価性なし （不課税）	保険事故の発生に伴い受けるもの

*01) 保険と共済は、どちらも病気やけがなどが発生したときに金銭が支給されるものですが、共済は非営利であるのに対し、保険は営利活動であること、規定する法律もそれぞれ違うなど異なります。

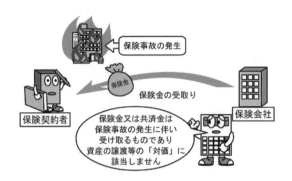

(2)　損害賠償金[*02]（基通5-2-5）

　損害賠償金に関しては実質が資産の譲渡等の対価であるか否かにより課税の対象を判定します。

対価性なし （不課税）	・損害賠償金のうち、心身又は資産につき加えられた損害の発生に伴い受けるもの

*02) 損害賠償とは、権利や利益を侵害する行為があり、それによって損害を受けた人に対して、原因を作った人が損害の埋め合わせをすることをいいます。交付される金銭や物品を損害賠償金といいます。

＜対価性なし＞

(3)　剰余金の配当等[*03]（基通5-2-8）

対価性なし （不課税）	剰余金の配当若しくは利益の配当又は剰余金の分配

*03) 剰余金の配当とは、株式会社からの一般的な配当。利益の配当とは、合名会社や合資会社などが、その持分に対して支払う利益の配当。剰余金の分配とは、船主相互保険組合から支払われる配当などをいいます。

（4）対価補償金等（基通５－２－10）

対価補償金とは、収用[*04]が行われた際に、収用された土地や建物の売却に係る対価として受け取る補償金です。

対価性あり （課税の対象）	対価補償金（譲渡があったものとみなされる収用の目的となった所有権その他の権利の対価たる補償金）
対価性なし （不課税）	収益補償金[*05]、経費補償金[*05]、移転補償金等[*05]

（5）寄附金、祝金、見舞金等（基通５－２－14）

寄附金や祝金、見舞金は見返りを求めて払われるものではない、つまり、対価を得て行われる取引ではないので、不課税となります。

対価性なし （不課税）	寄附金、祝金、見舞金等

（6）借家保証金[*06]、権利金等（基通５－４－３）

対価性あり （課税の対象）	一定の事由の発生により返還しないもの[*07]
対価性なし （不課税）	賃貸借契約の終了等に伴って返還するもの

（7）福利厚生施設の利用（基通５－４－４）

対価性あり （課税の対象）	事業者が、その有する宿舎、宿泊所、集会所、体育館、食堂その他の施設を、対価を得て役員又は使用人等に利用させる行為

（8）入会金（基通５－５－４、５－５－５）

対価性あり （課税の対象）	会員に対する役務の提供を目的とする事業者が、会員等[*08]の資格を付与することと引換えに収受する入会金で**返還しないもの**
対価性なし （不課税）	・同業者団体、組合等がその構成員から収受する入会金 ・役務の提供を目的とする事業者が会員等の資格を付与することと引換えに収受する入会金で**返還するもの**

[*04] 収用とは、国や地方公共団体が公共の目的のために、土地などの特定物の所有権その他の権利を、所有者などの損失を補償することを条件として、強制的に取得することをいいます。

[*05] 収用等に伴い発生する補償金について、収益補償金とは、減少する収益又は生じる損失の補填に充当されるもの、経費補償金とは、休廃業などによって発生する費用の補填に当てるもの、移転補償金とは、資産の移転、移築に要する費用の補填として交付されるものをいいます。

[*06] 借家保証金とは、入居時に支払うもので、退去時に壁や設備が壊れていたときの修繕費用に充てられるものです。
似た言葉に「敷金」があります。敷金も同様ですが、関西では保証金、関東や東北では敷金ということが多いです。
なお、保証金は通常家賃の３～６ヶ月分、敷金は家賃の１～２ヶ月分が相場ですが、保証金には、関東でいう敷金と礼金（大家さんに対する、住まわせてくれた事へのお礼）が含まれています。礼金部分は戻ってきませんが、敷金部分のうち修繕し費用に充てた残りの部分は戻ってくることがあります。

[*07] 賃料の一部と捉えます。

[*08] ゴルフクラブ、宿泊施設その他レジャー施設が該当します。

(9) 労働者派遣に係る派遣料（基通5-5-11）

対価性あり （課税の対象）	労働者の派遣を行った事業者が他の者から収受する派遣料等の金銭

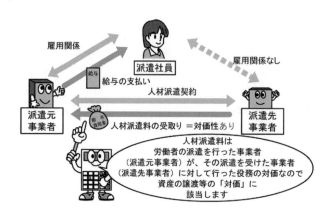

4 資産の譲渡及び貸付け並びに役務の提供

1. 意義 (3級)

(1) 資産の意義（基通5-1-3）

資産とは、取引の対象となる一切の資産をいいます。具体的には、棚卸資産又は固定資産のような有形資産のほか、権利その他の無形資産が含まれます。

(2) 資産の譲渡の意義（基通5-2-1）

資産の譲渡とは、資産につきその同一性を保持しつつ、他人に移転させることをいいます。なお、資産の交換は、資産の譲渡に該当します。

(3) 資産の貸付けの意義（法2②）

資産の貸付けには、資産に係る権利の設定[*01]その他、他の者に資産を使用させる一切の行為を含みます。

(4) 役務の提供の意義（基通5-5-1）

役務の提供とは、労務、便益その他のサービスを提供することをいい、専門的知識、技能等に基づく役務の提供もこれに含まれます[*02]。

*01）例えば、土地に係る地上権もしくは地役権の設定、特許権等の工業所有権に係る実施権若しくは使用権の設定又は著作物に係る出版権の設定をいいます。

*02）例えば、土木工事、修繕、運送、保管、印刷、広告、仲介、興行、宿泊、飲食、技術援助、情報の提供、便益、出演、著述その他のサービスを提供することが該当します。
また、弁護士、公認会計士、税理士、作家、スポーツ選手、映画監督、棋士等によるその専門的知識、技能等に基づく役務の提供もこれに含まれます。

2．資産の譲渡等に類する行為（令2①）〔2級〕

　資産の譲渡等には、対価性のない取引（贈与等）は含まれませんが、反対に**一見すると対価性のない取引**であっても何らかの**反対給付があると認められる取引**については、資産の譲渡等に**含まれる**こととしています。

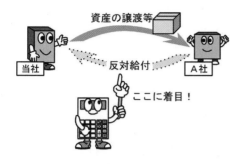

⑴　代物弁済による資産の譲渡（法2①八、基通5−1−4）

　代物弁済による資産の譲渡とは、債務者が債権者の承諾を得て、約定されていた弁済の手段に代えて**他の給付をもって弁済**する場合の資産の譲渡をいいます。

〈具体例〉

当社は、A社に資産を譲渡し、A社に対する借入金を返済した。

・**実際の取引**

（借）借　　入　　金	10,000	（貸）資　　　　　産	10,000

・**税務上の考え方**

　税務上は、資産を譲渡したことにより現金（対価）を取得し、この現金で借入金を返済したと考えます。

（借）現　　　　　金	10,000	（貸）資　　　　　産	10,000
（借）借　　入　　金	10,000	（貸）現　　　　　金	10,000

(2) **負担付き贈与による資産の譲渡（令2①一、基通5－1－5）**

負担付き贈与とは、その贈与に係る**受贈者に一定の給付をする義務を負担**させる資産の贈与をいいます。

なお、事業者が他の事業者に対して行った広告宣伝用の資産の贈与は、負担付き贈与には該当しません。

〈具体例〉

当社は、B社に対する借入金の返済を条件に、A社に資産を譲渡した。

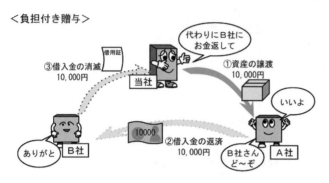

税務上は、資産を譲渡したことにより金銭（対価）を取得し、この金銭で借入金を返済したと考えます。

＜負担付贈与に該当しない＞

事業者が他の事業者に対して行った広告宣伝用の資産の贈与（当社名入り資産の贈与など）は、負担付贈与に該当しません。

(3)　**現物出資（令2①二、基通5－1－6）**

　　現物出資とは、株式会社の設立、新株発行の際、金銭以外の財産
をもって出資に充てることをいいます。

〈**具体例**〉

当社は、A社に資産を出資し、A社株式を取得した。

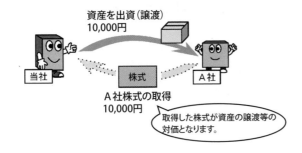

資産を出資（譲渡）
10,000円

当社　株式　A社

A社株式の取得
10,000円

取得した株式が資産の譲渡等の
対価となります。

・**実際の取引**

（借）有価証券	10,000	（貸）資　産	10,000

・**税務上の考え方**

　　税務上は、資産を譲渡したことにより現金（対価）を取得し、この
現金でA社株式を取得したと考えます。

（借）現　金	10,000	（貸）資　産	10,000
（借）有価証券	10,000	（貸）現　金	10,000

次の取引のうち、課税の対象となるものを選びなさい。

(1) 外国法人が国外の得意先に商品を販売する行為

(2) 内国法人が国内の得意先に商品を贈与する行為

(3) 内国法人が自社役員に商品を贈与する行為

(4) 内国法人が従業員に商品を贈与する行為

(5) 内国法人が自社役員に国内にある建物を無償で貸し付ける行為

(6) 内国法人が保有株式の配当金を収受する行為

(7) 個人事業者が国内の得意先に商品を贈与する行為

(8) 個人事業者が従業員に商品を販売する行為

(9) 個人事業者が商品を家事のために消費する行為

(10) 個人事業者が保険金を収受する行為

解 答

(3)、(8)、(9)

解 説

(1) 国外取引であるため、課税の対象となりません。

(2) 贈与であるため対価を得ていない取引です。したがって、課税の対象となりません。

(3) 贈与であるため対価を得ていない取引です。しかし、自社の役員に対する贈与であるため、対価を得て行われたものとみなされます(みなし譲渡)。したがって、課税の対象となります。

(4) 贈与であるため対価を得ていない取引です。なお、内国法人の従業員に対する贈与であるため、みなし譲渡には該当しません。したがって、課税の対象となりません。

(5) 無償の貸付けであるため、対価を得ていない取引です。なお、内国法人の役員に対する贈与ではなく無償の貸付けであるため、みなし譲渡には該当しません。したがって、課税の対象となりません。

(6) 配当金の収受は資産の譲渡等の対価として受け取るものではありません。したがって、課税の対象となりません。

(7) 贈与であるため対価を得ていない取引です。したがって、課税の対象となりません。

(8) 従業員に対する販売であっても、対価を得ている取引です。したがって、課税の対象となります。

(9) 商品を自家消費しているため対価を受け取っていません。しかし、対価を得て行われたものとみなされます(みなし譲渡)。したがって、課税の対象となります。

(10) 保険金の収受は資産の譲渡等の対価として受け取るものではありません。したがって、課税の対象となりません。

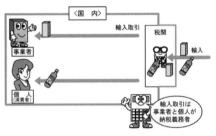

Section 3 輸入取引の課税の対象

3級
2級

これまで、国内取引の課税の対象を学習してきましたが、ここでは消費税の、もう一つの課税の対象である輸入取引について学習しましょう。

1 輸入取引の課税の対象の概要 3級

海外から輸入された外国貨物は国内の保税*01)地域から引き取られる際に消費税が課されます。これは海外から輸入された外国貨物が、国内で消費又は使用されるので、**消費地課税主義***02)の見地から課税されるためです。

なお、輸入取引は、国内取引とは異なり、事業者だけではなく、個人（消費者）が輸入した場合も納税義務者となります*03)。

*01)保税とは、関税の徴収を一時保留することをいいます。

*02)消費地課税主義とは、消費される財貨や役務につき、その消費される場所に基づき税負担を求める考え方です。

*03)納税義務者に関してはChapter 6で詳しく見ていきます。

区分	納税義務者	
国内取引	課税資産の譲渡等を行う事業者	事業者
輸入取引	課税貨物を保税地域から引き取る者	事業者、個人（消費者）

> **消費税法〈課税の対象〉**
> 第4条② 保税地域から引き取られる外国貨物には、この法律により、消費税を課する。

2 輸入取引の課税の対象の内容

1．意義 3級

（1）**外国貨物**

外国貨物とは、関税法の規定により**輸出を許可された貨物**、及び**輸入が許可される前の貨物**のことです。

（2）**保税地域**

保税地域とは、外国から輸入及び輸出する貨物を蔵置*01)し、又は加工、製造、展示等をすることができる特定の場所です*02)。

（3）**課税貨物**

課税貨物とは、保税地域から引き取られる外国貨物のうち、非課税貨物以外の貨物をいいます。

*01)蔵置とは倉庫などにしまっておくという意味です。

*02)保税地域には、指定保税地域（コンテナヤードなど）、保税蔵置場（倉庫など）、保税工場（造船所、製鉄所、製油所など）、保税展示場（博覧会、博物館など）及び総合保税地域（中部国際空港など）の5種があります。

課税貨物	外国貨物
非課税貨物	

2．外国貨物と内国貨物の区分　〔3級〕

外国貨物と内国貨物は以下のように区分されます。

外国貨物	・輸出の許可を受けた貨物 ・外国から到着した貨物で輸入が許可される前のもの ・外国の船舶により公海で採捕された水産物で輸入が許可される前のもの
内国貨物	・輸出の許可を受けていない貨物 ・外国から到着した貨物で輸入が許可されたもの ・本邦*03)の船舶により公海で採捕された水産物

*03) 我が国、つまり日本のことです。

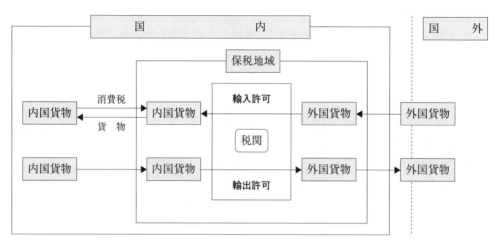

3．みなし引取り（法4⑥、令7、基通5−6−5）　〔2級〕

保税地域において外国貨物が消費され、又は使用された場合には、その消費又は使用をした者がその消費又は使用の時にその外国貨物を**その保税地域から引き取るものとみなされます**。

ただし、その外国貨物が課税貨物の原料又は材料として消費され、又は使用された場合その他政令で定める場合は、適用されません*04)。

*04) 原材料として消費された場合には、加工品を引き取る際、その加工品に対し、消費税が課税されるため、原材料としての消費がされた時点においては、みなし引取りの適用は受けません。

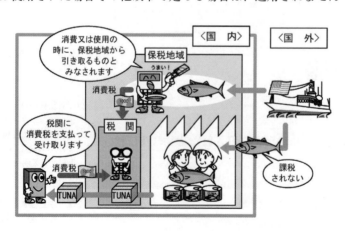

Chapter

取引の分類(2)
非課税取引

消費者が行うすべての消費に対して消費税を課税してしまうことは、問題が生じる場合があります。例えば、治療に必要な薬代等に消費税が課税されると薬が高くなってしまい、必要なひとの手に入らない可能性も出てきます。

このように消費税を課税することに問題が生じてしまう一定の取引を消費税法では非課税取引として限定し、規定しています。非課税取引は、項目の暗記が重要となりますので1つ1つ理解しながら押さえていきましょう。

Section

Section 1 非課税取引の概要　〔3級〕

Chapter 3では、消費税の課税の対象となる取引の判定方法について学習してきましたが、ここまでの判定で課税の対象に含まれるとした取引の中にも、特定の理由から意図的に消費税を課さないこととされている非課税取引があります。
この Chapter では非課税取引を見ていきましょう。

1 非課税取引とは

　非課税取引とは、課税の対象となる取引のうち「消費するという行為」に対して負担を求めるという性格上、**課税することになじまない取引**や、社会政策上、課税することが不適当なため、**政策的に消費税を課さないこととした取引**のことです*01)。

　この非課税取引は、資産の譲渡等を伴う国内取引及び外国貨物の引取りによる輸入取引について規定されています。

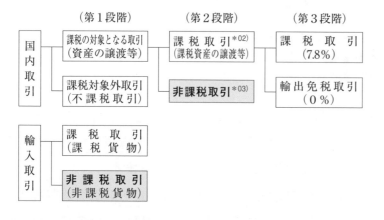

　なお、課税の対象となる取引のうち、非課税取引に該当しない取引を「**課税資産の譲渡等**」といいます。

消費税法〈非課税〉
第6条①　国内において行われる資産の譲渡等のうち、別表第一に掲げるものには、消費税を課さない。
　②　保税地域から引き取られる外国貨物のうち、別表第二に掲げるものには、消費税を課さない。

消費税法〈課税資産の譲渡等〉
法2条①　九　資産の譲渡等のうち、第6条第1項の規定により消費税を課さないこととされるもの以外のものをいう。

---

*01)「何が非課税取引になるのか」という点についてはあとで学習します。ここでは、全体像の位置づけを見ることに重点を置いて下さい。

*02) 消費税法では、資産の譲渡等のうち、ここで列挙される国内取引の非課税取引に該当しない取引を広義の課税取引とし、この広義の課税取引を「課税資産の譲渡等」といいます。

*03) 非課税取引は、課税の対象に含まれる取引であるため、該当する取引がすべて国内取引の4要件を満たすことに注意しましょう。

Section
2

③級
②級

国内取引の非課税

非課税取引とは、本来は課税の対象の4要件を満たす取引であるにもかかわらず、その性質上及び政策的見地から消費税を課さないこととされている取引のため、消費税法で特に定められたものだけが該当します。
ここでは、具体的にその定められた取引を確認していきましょう。

1 国内取引の非課税の概要　　　　　③級

　資産の譲渡等を伴う国内取引から生じる非課税取引は、消費税法に規定する「別表第一」に掲げられている13項目です。なお、その項目は、課税をすることになじまないもの、及び社会政策上課税することが不適当なものに分類されます。

消費税法〈非課税〉
第6条①　国内において行われる資産の譲渡等のうち、別表第一に掲げるものには、消費税を課さない。

1．課税の対象とすることになじまない取引

①　土地の譲渡及び貸付け
②　有価証券等の譲渡
③　利子を対価とする金銭の貸付け、保険料を対価とする役務の提供等
④　郵便切手類、印紙、証紙及び物品切手等の譲渡
⑤　行政事務等及び外国為替業務に係る役務の提供

2．政策的に配慮した取引

⑥　社会保険医療等
⑦　介護保険法による居宅サービス等及び社会福祉事業等
⑧　助産に係る資産の譲渡等
⑨　埋葬料、火葬料を対価とする役務の提供
⑩　身体障害者用物品に係る資産の譲渡等
⑪　学校等の教育として行う役務の提供
⑫　教科用図書の譲渡
⑬　住宅の貸付け

1. 土地とは（基通6－1－1）3級

皆さんは、土地のイメージはしやすいかと思います。土地は使用することによって消費されるものではないため、非課税とされているのです[01]。

2. 土地の譲渡等の非課税 3級

土地の譲渡及び貸付けに関しては、**原則として非課税となります**[02]。

ただし、土地の貸付けに係る期間が**1ヵ月に満たない場合**及び駐車場その他の**施設の利用に伴って土地が使用される場合**は非課税に**該当しません**。

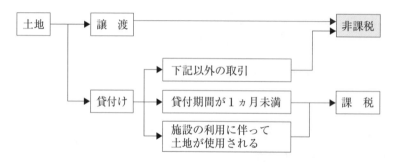

また、土地の譲渡及び貸付け等については以下のような取扱いがあります。

⑴ 土地と建物を一括で譲渡した場合の取扱い（基通10－1－5）2級

一括譲渡とは、事業者が課税資産の譲渡等に係る資産（建物など）と課税資産の譲渡等以外の資産の譲渡等に係る資産（土地）とを**同一の者に対して同時に譲渡すること**です[03]。

課税資産と非課税資産が**合理的に区分されていない場合**、その課税資産の譲渡等に係る消費税の課税標準は、次の算式により計算した金額となります。

$$一括譲渡の対価の額 \times \frac{課税資産の価額}{課税資産の価額＋非課税資産の価額}$$

---

*01）土地は、あくまでも地面部分だけで、例えば山に生えている木（立木といいます）は、林業者が販売できるので、土地の定着物は含まれません。同様に独立して取引の対象となるものは土地の定着物とはなりません。ただし、宅地（家を建てるための土地）の庭木や庭園等で宅地と一体として譲渡するものは、土地として扱います。なお宅地の庭木等は「定着物」といいます。
詳しくは1級で学習します。

*02）土地の価格は需給関係により変動するものであり、土地を転売することにより価値が減少しません。よって、単なる資本の移転にすぎないことから非課税とされています。
また、土地の貸付けは比較的長期間に及ぶため、土地の譲渡と同様に非課税とされています。

*03）例えば、土地付建物を譲渡する場合等が該当します。

(2) 土地付建物等の貸付け（基通6－1－5）　2級

施設の利用に伴って土地が使用される場合、その土地を使用させる行為は**土地の貸付けから除かれます**。

例えば、建物、野球場、プール又はテニスコート等の施設の利用が土地の使用を伴っても、その土地の使用は、「土地の貸付け」に含まれません。

したがって、建物の貸付け等に係る対価と土地の貸付けに係る対価等に区分しているときであっても、その**対価の額の合計額がその建物の貸付け等に係る対価の額**となります。

非課税取引	建物の貸付け等に係る対価と土地の貸付けに係る対価とに区分されている場合の建物の貸付けで、かつ、その建物が住宅である場合*04)
課税取引	建物の貸付け等に係る対価と土地の貸付けに係る対価とに区分されている場合の土地付建物の貸付けで、かつ、その建物が住宅でない場合*04)

*04) 住宅については後半で学習します。

〈駐車場の貸付け〉

(1) 事業者が駐車場又は駐輪場として土地を利用させた場合、その土地につき駐車場又は駐輪場としての用途に応じる地面の整備又はフェンス、区画、建物の設置等をしていないときは、その土地の使用は、土地の貸付けに含まれます。

(2) 土地の所有者が駐車場の経営者に駐車場用地（更地）として使用する土地を貸し付ける場合には、駐車場の貸付けではなく土地の貸付けに該当するため、非課税取引となります。

3. 土地等の譲渡又は貸付けに係る仲介手数料（基通6－1－6）　3級

土地等の譲渡又は貸付けに係る**仲介料を対価とする役務の提供**は課税資産の譲渡等に該当します。

課税取引	土地等の譲渡又は貸付けに係る仲介料を対価とする役務の提供

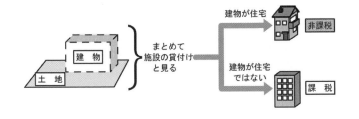

次の取引のうち、非課税取引に該当するものを選びなさい。なお、与えられた取引は国内取引の要件を満たしている。

(1) 法人が土地を譲渡する行為
(2) 法人が土地を1ヵ月間有償で貸し付ける行為
(3) 法人が地上権を譲渡する行為
(4) 法人が鉱業権を譲渡する行為
(5) 法人が土地の貸付けに係る仲介手数料を受け取る行為
(6) 法人が所有するテニスコートの貸付けに伴い土地を使用させる行為

解　答

(1)、(2)、(3)

解　説

(1) 土地の譲渡は非課税取引となります。
(2) 貸付期間が1ヵ月以上の土地の貸付けは、非課税取引となります。なお、貸付期間が1ヵ月未満の土地の貸付けは、課税取引となる点に注意しましょう。
(3) 「土地の上に存する権利」も土地に含まれるため、「土地の上に存する権利」の譲渡は非課税取引となります。地上権は「土地の上に存する権利」の代表例です。
(4) 鉱業権は「土地の上に存する権利」に含まれません。したがって、鉱業権の譲渡は課税取引となります。
(5) 土地の貸付けに係る仲介手数料は、課税資産の譲渡等に該当し、課税取引とされます。
(6) ここでの土地の貸付けは、施設の利用に伴う貸付けであるため、土地の貸付けからは除かれ、課税取引とされます。

3 有価証券等の譲渡　　　3級

1. 有価証券とは

　有価証券は「価値の有る権利を表す証書（ある事実を証明するための文書）」で、具体的には、株式会社が発行する株券や社債券、国が発行する国債証券、地方公共団体が発行する地方債証券などがあり、その他にもいろいろな種類があります。株式等の有価証券の発行は、出資金などの持分を証するものです。

2. 有価証券等の非課税

　有価証券及び**有価証券に類するもの**の譲渡に関しては非課税となります。有価証券の譲渡は資本の移転であり、消費するという行為ではないためです。

　また、**支払手段**及び**支払手段に類するもの**[*01]の譲渡についても非課税となります。

　なお、ゴルフ場その他の施設の利用に関する権利に係るもの（**ゴルフ場利用株式**、ゴルフ会員権）の譲渡、**収集品及び販売用**の支払手段の譲渡については非課税となりません[*02]。

*01）支払手段に類するものとは、暗号資産などをさします。

*02）収集品及び販売用の支払手段とは、記念硬貨や古銭のことをいいます。

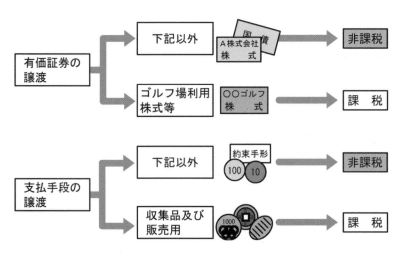

3. 非課税となる有価証券等の範囲（基通6－2－1）

　非課税となる有価証券等の範囲は、主に以下のものがあります。

・金融商品取引法で規定されている有価証券
① 国債証券、地方債証券、社債券
② 株券
③ 投資信託、貸付信託等の受益証券
④ その他一定のもの

・上記の有価証券に類するもの
① 合名会社、合資会社又は合同会社の社員の持分
② その他一定のもの

4．有価証券に含まれないもの（基通6－2－2）

　消費税法上、非課税とならない有価証券は、主に以下のものがあります。

・有価証券に含まれないもの
①　船荷証券[*03]、貨物引換証
②　ゴルフ場利用株式、ゴルフ会員権[*04]

5．支払手段の範囲（基通6－2－3）

　支払手段の範囲は、主に以下のものがあります。

・支払手段の範囲
①　銀行券、政府紙幣、小額紙幣及び硬貨（収集品及び販売用は除く）
②　小切手（旅行小切手を含む）
③　約束手形
④　上記に類するもの

[*03] 船荷証券は、引き換えを受ける貨物証憑としての性質を持つため、船荷証券の譲渡は有価証券の譲渡ではなく、引き換えを受ける貨物そのものの譲渡として捉えられ、有価証券の範囲には含まれません。

[*04] ゴルフ会員権（「会員券」ではないですよ）は、そのクラブの正式メンバーとしての権利で、いつでもプレーできたり、低料金でプレーできる等一般人よりも優遇され、また、クラブ主催の大会に出場することができます。会員権には、出資をする株式形態（ゴルフ場利用株式）と、金銭を預ける預託金形式（ゴルフ会員権）がありますが、どちらも課税取引となります。

設問2　　　　　　　　　　　　　　　　　　　　　　　　　　有価証券等の譲渡

　次の取引のうち、非課税取引に該当するものを選びなさい。なお、与えられた取引は国内取引の要件を満たしている。
- （1）　法人がA株式会社の株券を譲渡する行為
- （2）　法人がゴルフ場利用株式を譲渡する行為
- （3）　法人が得意先から受け取った小切手を譲渡する行為
- （4）　法人がオリンピック記念貨幣を譲渡する行為

解答

（1）、（3）

解説

- （1）　株券は有価証券に該当するため、その譲渡は非課税取引となります。
- （2）　ゴルフ場利用株式は有価証券から除かれるため、その譲渡は課税取引となります。
- （3）　小切手は支払手段に該当するため、その譲渡は非課税取引となります。
- （4）　オリンピック記念貨幣といった記念硬貨は収集品に該当するため、その譲渡は課税取引となります。

4 利子を対価とする金銭の貸付け、保険料を対価とする役務の提供等

利子を対価とする金銭の貸付けや保険料を対価とする役務の提供等に関しては非課税となります（基通6－3－1～6－3－3、6－3－5）[*01]。

具体的には、以下のとおりです。

・利子を対価とする金銭の貸付け　3級

① 国債、地方債、社債、新株予約権付社債・貸付金、預金の利子

② **集団投資信託等**[*02]の収益の分配金

③ 割引債（利付債を含む）の償還差益[*03]

④ 抵当証券の利息

⑤ 手形の割引料

・保険料を対価とする役務の提供[*04]　**3級**

⑥ **保険料**（事務費用部分を除く）[*05]

・その他　2級

⑦ リース料のうち、利子又は保険料相当額（契約において利子又は保険料の額として明示されている部分に限る）

⑧ その他

〈取引分類における貸付金の元本と利息の取扱い〉

貸付金（金銭の貸付け）は「お金」という「資産」を貸し付ける行為そのものを指し、利息は「お金」という「資産」を貸し付けたことによる「対価」です。

例えば、10万円を貸して利息が500円付いたとします。これは、「10万円（1万円札10枚という資産）を500円（をもらって）で貸してあげた」と考えます。そのため、「DVD1枚レンタル料500円」というのと同じ関係です。したがって、「貸付けによる利息の受取り」が課税の対象（非課税取引）となります。

消費税の課税の対象はあくまでも「消費税法上の売上げは何か？」を見ているのですから、「（お金が動いた結果）収益が計上されるのか？」が分類を行う上で重要なのです。

*01）資金の貸付けは金融取引であり、物又はサービスを消費しているわけではないため非課税とされます。
また、保険は預金と同様に資金運用であるため非課税とされます。

*02）投資信託とは、投資家から集めた資金を運用の専門家が債券や株式等で運用し、その成果に応じて収益を分配する金融商品のことです。

*03）割引債とは利息の付かない債券をいい、利付債とは利息の付く債券をいいます。割引債は利息が付かない分、額面金額よりも低い価額で発行するため、償還金額（額面金額）と発行価額との差額（償還差益）が実質的な利息となります。

*04）保険会社が保険代理店に支払う代理店手数料は非課税取引には該当しません。

*05）「保険金」の受取りは対価性がないため、不課税取引です。Chapter3を参照してください。

　次の取引のうち、非課税取引に該当するものを選びなさい。なお、与えられた取引は国内取引の要件を満たしている。

　　(1)　法人が集団投資信託等の収益の分配金を受け取る行為

　　(2)　法人が保険契約者から損害保険料を受け取る行為（事務費用部分を除く）

解　答

　(1)、(2)

解　説

　(1)　集団投資信託等の収益の分配金を受け取る行為は、利子を対価とする資産の貸付けに該当するため、非課税取引となります。

　(2)　損害保険料を受け取る行為は、保険料を対価とする役務の提供に該当するため、非課税取引となります。

5 郵便切手類、印紙、証紙及び物品切手等の譲渡 （3級）

日本郵便株式会社等が行う**郵便切手**[01]類及び印紙、地方公共団体等が行う**証紙、物品切手等**の譲渡等に関しては非課税となります（基通6－4－1～6－4－6）[02]。

ただし、物品切手等の譲渡に関して受ける取扱手数料は、課税となります。具体的には、以下のとおりです。

1．郵便切手類、印紙及び証紙の譲渡[03]

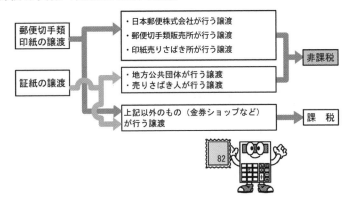

2．物品切手等[04]の譲渡

非課税取引	・**商品券・ビール券・図書券等** ・プリペイドカード（クオカード、テレフォンカード） ・映画鑑賞券

6 行政事務等及び外国為替業務に係る役務の提供 （3級）

行政事務等及び**外国為替業務**に係る役務の提供に関しては非課税となります（基通6－5－1～6－5－3）。

具体的には、以下のとおりです。

1．行政事務[01]等に係る役務の提供

非課税取引	・国、地方公共団体等が法令に基づき行う登記、登録、特許、免許、許可に関する手数料 ・執行官又は公証人の手数料

2．外国為替業務に係る役務の提供

非課税取引	・外国為替取引

*01）郵便切手は、①郵便局から切手を買うことは非課税ですが、②切手を貼った郵便物を配達することは「役務の提供」となるため課税です。そのため消費税が含まれた形で支払います。

*02）消費税は、物品の販売や役務の提供に対して課税するものです。郵便切手類等の譲渡はその前提として行われるため非課税となります。

*03）証紙とは、金銭の払込みを証明するものであり、地方自治体が発行するものです。パスポートや自動車免許の手数料などで支払います。なお、東京都では2010年に廃止されています。

*04）物品切手等とは、物品の給付請求権を表彰する証書のことです。

*01）行政事務に関する行政手数料は、税金によって負担すべき性格のものであるため非課税となります。

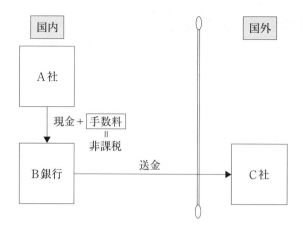

7 社会保険医療等　(3級)

　社会保険医療に関する物品の提供や役務の提供に関しては非課税となります（基通6－6－1～6－6－3）[01]。

　具体的には、以下のとおりです。

非課税取引	・保険診療報酬（健康保険法、国民健康保険法等の規定に基づく療養の給付及び入院時食事療養費等）[02] ・高齢者の医療の確保に関する法律の規定に基づく医療等[03]
課税取引	・自由診療報酬（予防接種、人間ドック、健康診断等） ・診断書の作成料 ・製薬会社等が医療機関等に販売する医薬品等

[01] 医療行為に関しては、健康の維持に不可欠なものであり、かつ医療行為を必要とする弱者の救済の観点から非課税とされます。

[02] 保険診療に係る患者の窓口負担分も含めて非課税売上げとなります。

[03] 療養の給付、入院時食事療養費等のほか、指定訪問看護等をいいます。

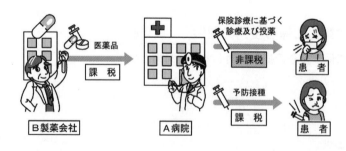

8　介護保険法による居宅サービス等及び社会福祉事業等　（3 級）

　介護保険法による居宅サービス等及び社会福祉事業等に関しては非課税となります（基通6－7－1～6－7－10）[*01]。

　具体的には、以下のとおりです。

非課税取引	・介護保険法の規定に基づく特定のサービス（居宅介護サービス費の支給に係る居宅サービス等） ・社会福祉事業等に係る資産の譲渡等
課 税 取 引	・福祉用具の譲渡又は貸付け（身体障害者用物品の譲渡等に該当する場合を除く）

*01）介護保険法による各種サービスについては、公的医療サービスに準じるものなので非課税となります。

9　助産に係る資産の譲渡等　（3 級）

　医師、助産師その他医療に関する施設の開設者による助産に係る資産の譲渡等に関しては非課税となります（基通6－8－1～6－8－3）。

　具体的には、以下のとおりです[*01]。

非課税取引	検査、入院、新生児に係る検診及び入院等で医師、助産師その他医療に関する施設の開設者が行うもの。

*01）助産に関しては、医療費に準じて非課税となります。

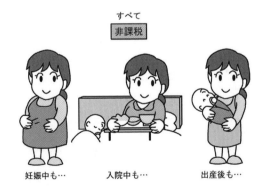

10 埋葬料、火葬料を対価とする役務の提供 〈3級〉

埋葬料、火葬料を対価とする役務の提供は非課税となります（基通6－9－1、6－9－2）。

具体的には、以下のとおりです。

非課税取引	・埋葬料、火葬料[*01] ・埋葬許可手数料[*02]
課 税 取 引	その他の葬儀諸費用（葬儀費用、花輪代金等）

なお、お布施や戒名料等は、宗教活動に伴う実質的な喜捨金_{きしゃきん}[*03]となるため、課税の対象には含まれず不課税となります。

11 身体障害者用物品に係る一定の資産の譲渡等 〈3級〉

身体障害者用物品[*01]**の譲渡、貸付け又は一定の修理に関しては、非課税となります**（基通6－10－1～6－10－4）。

具体的には、次のとおりです。

非課税取引	・身体障害者用物品の譲渡、貸付け及び製作の請負
課 税 取 引	・身体障害者用物品の一部を構成する部分品の譲渡等

12 学校等の教育として行う役務の提供 〈3級〉

学校教育法に基づく、教育に関する役務の提供に関しては非課税となります（基通6－11－1～6－11－6）。

具体的には、以下のとおりです。

非課税取引	・授業料 ・入学金及び入園料 ・入学又は入園のための試験に係る検定料
課 税 取 引	・学習塾、予備校等における役務の提供

13 教科用図書の譲渡 〈3級〉

学校教育法に基づく、教科用図書の譲渡に関しては非課税となります（基通6－12－1～6－12－3）。

具体的には、以下のとおりです。

非課税取引	・検定済教科書等、学校教育法で規定されている教科用図書の譲渡
課 税 取 引	・参考書又は問題集等で学校における教育を補助するためのいわゆる補助教材の譲渡

14 住宅の貸付け

1．住宅の貸付け[*01]の範囲　(3級)

　　住宅（人の居住の用に供する家屋又は家屋のうち人の居住の用に供する部分）**の貸付け**に関しては非課税となります。

　　ただし、住宅の貸付けに係る**期間が1ヵ月に満たない場合**及び旅館業に係る**施設**[*02]**の貸付けに該当**する場合は非課税とはなりません。

　　なお、住宅の譲渡は、課税取引となります。

2．家賃の範囲　(2級)

　　家賃には、月ぎめ等の家賃のほか、敷金、保証金、一時金等のうち返還しない部分及び共同住宅に係る共益費も含まれます。

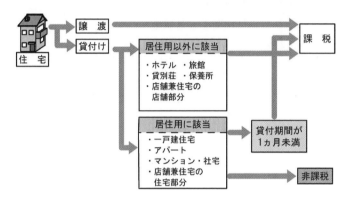

3．店舗等併設住宅の取扱い　(2級)

　　住宅部分の対価は非課税とされ、店舗等事業用施設部分の対価は課税されます。

*01）住宅の貸付けは、人の生活の中心である住宅という観点から、賃借人の保護のため非課税としています。

*02）旅館業法に規定するホテル、貸別荘、リゾートマンション等が該当します。

次の取引のうち、非課税取引となるものを選びなさい。なお、与えられた取引は国内取引の要件を満たしている。

　(1)　日本郵便株式会社が行う郵便切手を譲渡する行為
　(2)　法人が特許出願に係る手数料を特許庁に支払う行為
　(3)　医療法人が自由診療報酬を受け取る行為
　(4)　法人が居宅介護サービス費を受け取る行為
　(5)　法人が妊娠中の入院に係る特別給食費を受け取る行為
　(6)　法人が花輪代金を受け取る行為
　(7)　法人が車椅子を販売する行為
　(8)　学校法人が大学の授業料を受け取る行為
　(9)　法人が参考書、問題集等の補助用教材を販売する行為
　(10)　法人が社宅を有償で貸し付ける行為（貸付期間1ヵ月以上）
　(11)　法人が保養所を有償で貸し付ける行為

解　答

(1)、(2)、(4)、(5)、(7)、(8)、(10)

解　説

(1)　日本郵便株式会社が行う郵便切手を譲渡する行為は、非課税取引となります。なお、金券ショップといった日本郵便株式会社等以外の者が譲渡した場合は、課税取引となります。
(2)　特許出願に係る手数料は、行政手数料等として非課税となります。
(3)　保険診療（健康保険法に基づく療養の給付等）は非課税取引となりますが、自由診療（予防接種、人間ドック等）は課税取引となります。
(4)　居宅介護サービスは非課税取引です。また、施設介護サービスも非課税取引となります。
(5)　助産に関する費用はすべて非課税取引となるため、妊娠中の入院に係る特別給食費を受け取る行為も非課税取引です。
(6)　葬儀費用に関しては、埋葬料、火葬料、埋葬許可手数料を受け取る行為は非課税取引となりますが、花輪代金等のその他の葬儀費用を受け取る行為は課税取引となります。
(7)　身体障害者用物品を譲渡する行為は非課税取引となります。なお、身体障害者用物品の部分品の譲渡は課税取引にあたります。
(8)　学校の授業料を受け取る行為は非課税取引です。その他に学校の入学金、施設設備費を受け取る行為等も非課税取引となります。
(9)　学校教育法で規定されている教科用図書の販売は非課税取引ですが、その参考書や問題集等の補助用教材の販売は課税取引となります。
(10)　貸付期間1ヵ月以上の社宅の貸付けは非課税取引です。ただし、貸付期間1ヵ月未満の場合には課税取引となります。
(11)　法人の保養所を貸し付ける行為は課税取引です。保養所は居住用の建物ではない点に注意しましょう。

輸入取引の非課税

3級

Chapter 2では輸入取引の課税の対象を学習しましたが、海外から輸入された外国貨物の中には、国内取引と同様に非課税となる貨物があります。
ここでは、非課税となる貨物を見ていきましょう。

1 輸入取引の非課税

　国内取引と輸入取引とのバランスを図るため、**保税地域から引き取られる外国貨物**のうち、**特定の貨物**については非課税となります[*01]。

　なお、国内取引では非課税となる「取引」について規定していたのに対し、輸入取引では非課税となる「**貨物**」について規定しています。

*01）外国貨物のうち、非課税となる貨物を非課税貨物といいます。

消費税法 〈非課税〉
第6条② 　保税地域から引き取られる外国貨物のうち、別表第二に掲げるものには、消費税を課さない。

	・有価証券等
	・**郵便切手類**
	・印紙
非課税貨物	・証紙
	・物品切手等
	・身体障害者用物品
	・教科用図書

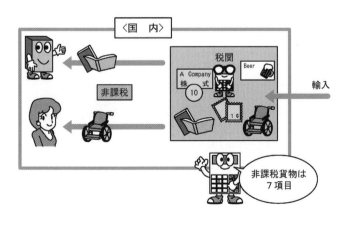

非課税貨物は
7項目

5

取引の分類(3)
免税取引

Chapter 3で学習した「課税資産の譲渡等」となる取引の中でも、一定のものには消費税を免除する特例が設けられています。Chapter 5で学習する免税取引は、輸出などの主に海外の企業を相手に取引を行った場合などが対象となるため、聞きなれない言葉が多いですが、重要な項目ですので、取引の状況をイメージしながら考え方をしっかり押さえていきましょう。

Section

免税取引の概要

(3 級)

消費税法では、国外で消費されるものについては、たとえ課税資産の譲渡等に該当する取引であっても消費税の負担が免除される取引があります。それが、免税取引です。

どのような取引が、免税取引に該当するのか、なぜ免税規定が設けられているのかを確認していきましょう。

1 免税取引とは

免税取引*01)とは、**消費地課税主義の原則**及び**国際競争力の低下防止***02)のために、課税取引でありながらも国外で消費されるものについては消費税を免除することとした取引のことです。

免税取引には、①**輸出取引等に係る免税**と②**輸出物品販売場における免税**があります*03)が、このテキストでは①の一部を学習します。

*01) 0 ％課税取引ともいいます。

*02) 課税により原価がUPし、価格の面で競争の低下を招きます。

*03) これらは、消費税法の規定による免税取引です。その他に租税特別措置法の規定による免税取引がありますが1級で学習します。

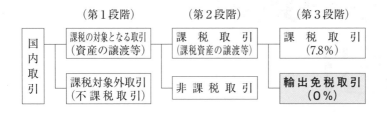

消費税法〈輸出免税等〉一部

第7条① 事業者（免税事業者を除く。）が国内において行う課税資産の譲渡等（特定資産の譲渡等に該当するものを除く。以下同じ。）のうち、次に掲げるものに該当するものについては、消費税を免除する。

一 本邦からの輸出として行われる資産の譲渡又は貸付け

二 外国貨物の譲渡又は貸付け

三 国内及び国内以外の地域にわたって行われる旅客若しくは貨物の輸送又は通信

（ 中 略 ）

五 前各号に掲げる資産の譲渡等に類するものとして政令で定めるもの

② 前項の規定は、その課税資産の譲渡等が同項各号に掲げる資産の譲渡等に該当するものであることにつき、財務省令で定めるところにより証明がされたものでない場合には、適用しない。

Section 2 輸出取引等に係る免税

3 級
2 級

Section 1 で学習したように、免税となる輸出取引には、様々な要件があります。
また、該当する取引も多岐にわたるため、正確な判定方法をマスターしましょう。

1 輸出取引等に係る免税の概要　　3 級

1．輸出免税の要件（法7①、基通7－1－1）

　事業者が国内において行う課税資産の譲渡等のうち、**輸出取引等に該当する取引**については、消費税が免除されます。

　国内取引である課税資産の譲渡等が輸出取引等として免税とされるには、以下の要件を満たす必要があります。

輸出免税の要件
① その資産の譲渡等は、**課税事業者**[*01)] によって行われるものであること
② その資産の譲渡等は、**国内において行われる**ものであること
③ その資産の譲渡等は、**課税資産の譲渡等**（一定のものを除く。）に**該当**するものであること
④ その資産の譲渡等は、**輸出取引等に該当**するものであること
⑤ その資産の譲渡等は、輸出取引等であることの**証明がなされた**ものであること

*01)そもそも、課税事業者でなければ免税する意味がありません。納税義務が免除されていない事業者をいいます。詳しくはChapter 6で学習します。

2．輸出取引等の範囲（法7①、令17、基通7－2－1）

　国内において行う課税資産の譲渡等のうち免税となる「輸出取引等に該当するもの」[*02)] は、以下に掲げられているものです。

*02)上記輸出免税の要件の④です

輸出取引等の範囲
① 本邦からの輸出として行われる資産の譲渡又は貸付け
② **外国貨物の譲渡又は貸付け**
③ 国際運輸、国際通信、国際郵便又は信書便
④ その他

2 本邦からの輸出として行われる資産の譲渡又は貸付け （3級）

本邦からの輸出として行われる資産の譲渡又は貸付け[01]は、**一般的な輸出取引**です。すなわち、国内にある資産を外国に向かう船舶等に積み込み外国に送り出すことです。

*01) 役務の提供は含まれていない点に注意しましょう。

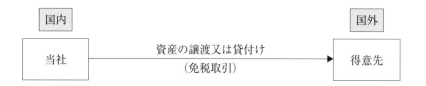

3 外国貨物の譲渡又は貸付け （2級）

1．外国貨物の譲渡又は貸付け

Chapter 3 輸入取引で学習したように、外国貨物とは、「**輸入の許可を受ける前の貨物**」と「**輸出の許可を受けた後の貨物**」をいいます。

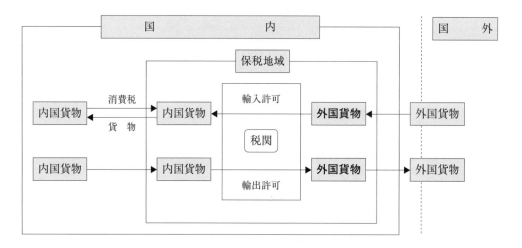

これらの外国貨物を国内の取引先に譲渡又は貸し付ける場合には免税取引となります[01]。

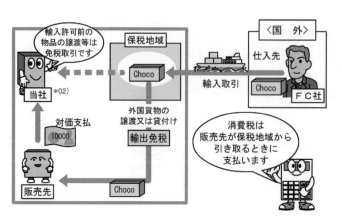

*01) Chapter 3 で学習したように外国貨物を購入した譲受人が国内に貨物を引き取る場合には、その輸入許可を受ける際に消費税が課税されるため、輸入許可を受ける前の貨物の売買等に関しては免税としています。

*02) 輸入に関する消費税は譲受人が納付します。

4 国際輸送、国際通信、国際郵便又は信書便 しんしょびん 〔3級〕

国際輸送[*01)]、国際通信[*02)]、国際郵便[*03)]又は信書便[*04)]は、免税となる輸出取引等になります。

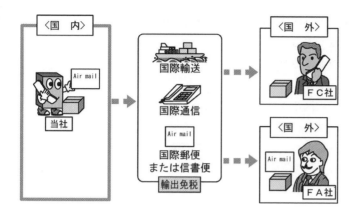

*01)国際輸送には、旅客輸送や貨物の輸送があります。

*02)国際通信は、国際電話をイメージして下さい。

*03)国際郵便又は信書便は、エアメールをイメージして下さい。

*04)信書とは、特定の受取人に対し、差出人の意思を表示し、又は事実を通知する文書のことです。

5 輸出証明 〔2級〕

1．内容（法7②）

輸出取引等に係る免税の規定は、その課税資産の譲渡等が**輸出取引等であることの証明**がなされていることを要件とします。

2．証明方法（規5①）

輸出の事実を記載した書類又は帳簿を課税資産の譲渡等を行った日の属する課税期間の末日の翌日から2月を経過した日から7年間、納税地又は事務所等の所在地に保存することにより証明します。

次に掲げる取引のうち、免税取引に該当するものを選びなさい。なお、特に指示のあるものを除き、与えられた取引はすべて国内取引の要件を満たしている。また、譲渡及び貸付け並びに役務の提供については対価を収受している。

⑴　内国法人が商品（課税資産）を外国法人に輸出販売する行為

⑵　内国法人が国際電話料金を収受する行為

⑶　内国法人が国際郵便料金を収受する行為

⑷　内国法人が国際運送料金を収受する行為

⑸　外国法人が日本国内の支店で内国法人に対して商品（課税資産）を販売する行為

⑹　内国法人が国外の支店で外国法人に対して商品（課税資産）を販売する行為

⑺　内国法人が外国貨物（輸入許可前の貨物）を譲渡する行為

解　答

⑴、⑵、⑶、⑷、⑺

解　説

⑴　本邦からの輸出として行われる資産の譲渡は輸出取引等に該当するため、免税取引に該当します。

⑵⑶⑷　国際通信、国際郵便、国際輸送は輸出取引等に該当するため、免税取引に該当します。

⑸⑹　輸出取引等に該当しないため、免税取引に該当しません。

⑺　外国貨物の譲渡、貸付け、役務の提供は、輸出取引等に該当するため、免税取引に該当します。

Chapter

6

納税義務者

税金を納付する義務を負う者を「納税義務者」といいます。

Chapter 1 で学習したように、消費税の納税義務者は、実際に税金を負担する私たち消費者ではなく、私たち消費者が税金を預けている事業者です。しかし、消費税という税金の『広く、浅く』という性質上、さまざまな規模の事業者が納税義務者となるため、すべての事業者を納税義務者とするのではなく、一定の基準を設けています。

この Chapter では、納税義務者の規定のうち、基本的な項目を見ていきましょう。

Section

納税義務者の原則

③級

Chapter 1 で学習したように、消費税は商品を購入したり、サービスを受ける消費者が負担する税金ですが、実際の納付は、商品の販売等を行った事業者が納税義務者となり、消費者から預かった消費税の納付を行います。

ここでは、具体的に納税義務者の規定について確認しましょう。

1 納税義務者の原則（法5）

　国内取引の納税義務者は、**事業者（個人事業者及び法人）**であり、**国内で行った課税資産の譲渡等**[*01]**及び特定課税仕入れ**[*02]**につき納税義務者**となります。

　事業者以外の者が国内取引の消費税の納税義務者となることはありません。

　また、輸入取引では、これとは異なり保税地域から引き取られる外国貨物を課税の対象としていることから、**外国貨物を保税地域から引き取るすべての者を納税義務者**とし、事業者であるか否かを問いません。

*01）特定資産の譲渡等に該当するものを除きます。特定資産の譲渡等とは事業者向け電気通信利用役務の提供及び特定役務の提供をいいます（法第2条八の二）。1級で学習します。

*02）特定課税仕入れについては、1級で学習します。

> **消費税法〈納税義務者〉**
> 第5条① 事業者は、国内において行った課税資産の譲渡等（特定資産の譲渡等に該当するものを除く。）及び特定課税仕入れにつき、この法律により、消費税を納める義務がある。
> ② 外国貨物を保税地域から引き取る者は、課税貨物につき、この法律により、消費税を納める義務がある。

〈納税義務者の範囲〉

		国内取引	輸入取引
事業者	個人事業者	納税義務者	納税義務者
	法人		
事業者以外（消費者）		納税義務者でない	納税義務者

Section 2 小規模事業者に係る納税義務の免除 ③級

Section 1で学習したように、国内取引の消費税では課税資産の譲渡等を行った事業者を納税義務者として規定していますが、一定の理由から事業規模の比較的小さい事業者に関しては、納税義務を免除することとしています。

ここでは、国内取引の納税義務の免除の対象となる者について確認しましょう。

1 小規模事業者[*01]とは?

例えば、その年の売上げが1,000万円の事業者があったとします。仮に1,000万円を365日で割ってみると、一日の売上は27,397円（1,000万円÷365日）となります。これを、1杯800円のラーメンを売るラーメン屋さんだと考えると、1日の販売数が34杯となります。

また、この事業者が消費者から預かる消費税額は年間78万円（1,000万円×7.8％）となります。消費税の納付税額は、この預かった消費税から仕入れの際に支払った消費税を控除して求めますので、この事業者の納付税額は年間数万円から数十万円規模ということになります。

このような小規模の事業者が、消費税の計算を行うことは**納税事務負担が大きい**と考えられます。

また、他方でこれらの事業者の納付税額の規模を考えると、免除としたとしても税収への影響は少ないため、**税務執行面への配慮**からも免税事業者とすることが妥当であると捉えられています。

> **消費税法 〈小規模事業者に係る納税義務の免除〉**
>
> 第9条① 事業者のうち、その課税期間に係る基準期間における課税売上高が1,000万円以下である者（適格請求書発行事業者を除く。）については、納税義務の原則の規定にかかわらず、その課税期間中に国内において行った課税資産の譲渡等（特定資産の譲渡等に該当するものを除く。）及び特定課税仕入れにつき、消費税を納める義務を免除する。ただし、この法律に別段の定めがある場合は、この限りでない。

2 意義（法9①）

消費税では、「**基準期間における課税売上高**[*01]が1,000万円以下の事業者」については、Section 1で学習した納税義務者の原則の規定にかかわらず、国内取引の消費税の納税義務を免除しています。

なお、この消費税の免除の対象となる事業者のことを「**免税事業者**」といいます。

したがって、この**納税義務の有無の判定を行う必要**があります[*02]。

*01）中小企業基本法における小規模事業者とは、常時使用する従業員数が20人以下（商業，サービス業では5人以下）の商工業者をさしますが、消費税法では、この規定の適用ではなく、あくまでも基準期間の課税売上高で免税事業者かどうかを判定します。

*01）詳しくは 3 で学習します。

*02）輸入取引については納税義務の免除の規定は設けられていませんので、Section1 で学習したように、外国貨物を保税地域から引き取るすべての者が納税義務者になるので注意しましょう。

3 納税義務の有無の判定

1. 納税義務の有無の判定^{*01)}

　課税売上（税抜）が1,000万円以下の事業者は免税事業者となります。

[判定式]

基準期間における課税売上高（税抜）　＞1,000万円　∴**納税義務あり**

　　　　　　　　　　　　　　　　　　　≦1,000万円　∴**納税義務なし**

---

2. 基準期間

　基準期間とは、原則として、**個人事業者の場合は前々年、法人の場合は前々事業年度**が該当します。

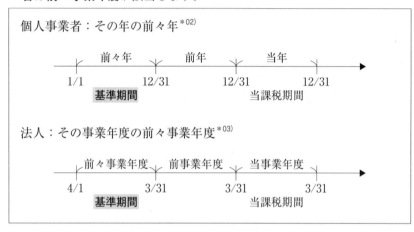

個人事業者：その年の前々年^{*02)}

法人：その事業年度の前々事業年度^{*03)}

*01) 消費税の課税事業者となる場合には、消費税額を販売価格に反映させる必要があるため、対象となる課税期間の期首の段階において、納税義務が生じているか否かを事業者自身が把握しておく必要があります。
しかし、消費税の申告は、課税期間が終了してから2ヵ月以内に行われ、前課税期間の課税売上高が当期首の段階で把握できないため前々年又は前々事業年度を基準期間とすることとしています。

*02) 特例はないため、常に前々年が基準期間となります。

*03) 特殊な場合の特例があります。1級の範囲となります。

Section 3 課税事業者の選択

基準期間の課税売上高が1,000万円以下の免税事業者は、消費税の納税義務がなく、確定申告書を提出する義務がありません。その反面、消費税の還付を受けた方が有利な場合であっても、申告義務がないため、消費税の還付を受けることができません。そこで、還付申告書の提出を可能とするために、事業者自らが課税事業者を選択できる特例制度が設けられています。

1 課税事業者の方が有利な場合　3級

消費税は、納め過ぎた場合、税務署に申告することで、超過分は返金されます。消費税では、例えば多額の消費税が課税されるような物（車や機械など）を購入した場合、売上げた際に預かる消費税よりも支払った消費税が多くなることがあります。このとき多い分を税務署が返金（「還付」といいます）してくれます。

しかし、免税事業者の場合はそもそも消費税を支払う必要がないので、申告をすることもありません。従って、車や機械などを購入したときに支払った消費税は、たとえ、売上の際に預かる消費税よりも多かったとしても戻ってくることはありません。

したがって、小規模事業者のため免税事業者になる場合においても還付を受けるために課税事業者を選択することがあるのです[*01]。

*01)仮払消費税＞仮受消費税となる状況なら課税事業者になった方が得です。

2 課税事業者選択届出書

1．選択届出書の提出（法9④）　3級

基準期間における課税売上高が1,000万円以下であり、免税事業者と判定された事業者で、課税事業者の規定の適用を受けようとするときは、あらかじめ納税地の所轄税務署長に「**課税事業者選択届出書**[*01]」を提出します。

*01)正式名称は「消費税課税事業者選択届出書」です。

2．届出の効力発生時期（法9④、令20）　2級

　　課税事業者選択届出書を提出した場合には、提出した日の属する課税期間の翌課税期間以後に適用されます。ただし、新規に開業した場合には提出した日の属する課税期間から適用されます。

原則	提出した日の属する課税期間の翌課税期間以後の課税期間
即時適用される場合	提出した課税期間が新規開業（事業を開始した日の属する課税期間）に該当する場合にはその提出した課税期間

3 課税事業者選択不適用届出書

1．不適用届出書の提出（法9⑤⑥）　3級

　　課税事業者選択届出書を提出した事業者が、課税事業者選択の規定の適用を受けることをやめようとするとき又は事業を廃止したときは、納税地の所轄税務署長に「**課税事業者選択不適用届出書**[*01]」を提出することにより、その規定の適用をやめることができます。

　　ただし、事業を廃止した場合を除き、課税事業者の**選択が適用された課税期間の初日から2年を経過する日の属する課税期間の初日以後**でなければ、不適用届出書を提出することはできません[*02]。

*01）「消費税課税事業者選択不適用届出書」が正式名称です。

*02）税法特有の言い回しなので難しいですね。
　つまり、課税期間の初日（右の図でいうとX1.4/1）から2年を経過する日（X3.3/31）の属する課税期間の初日（X2.4/1）以後とあるので、X2.4/1から不適用届出書を提出することができます。

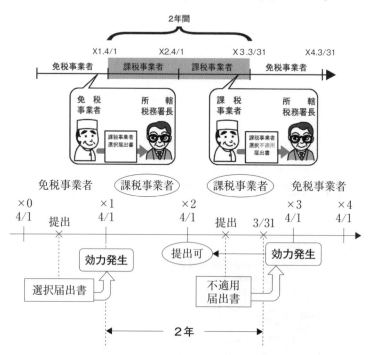

2．不適用の届出の効力発生時期（法9⑧）　2級

　　課税事業者選択不適用届出書を提出した場合には、提出した日の属する課税期間の翌課税期間以後に適用されます。

原則	提出した日の属する課税期間の末日の翌日以後

Section 4 　納税義務の免除の特例　　2級

消費税の納義務の有無の判定は、Section 2で学習したように原則として基準期間における課税売上高で行うこととなるが事業承継が行われた場合において免税事業者が課税事業者の事業を承継した場合に事業承継者が免税事業者ということだけで事業承継後も免税事業者でよいのでしょうか。

このSectionでは基準期間における課税売上高が1,000万円以下であっても消費税の納税義務を有する場合を見て行きます。

1 　特定期間における課税売上高による納税義務の免除の特例（法9の2）

1．概要

Section 2で判定したその課税期間の基準期間における課税売上高が1,000万円以下である場合には、「特定期間における課税売上高」で判定し、その金額が1,000万円を超えるときは、その個人事業者のその年、又は、法人のその事業年度については、納税義務は免除されません。

納税義務の有無の判定における「基準期間における課税売上高による判定」と「特定期間における課税売上高による判定」は、以下の順で行います。

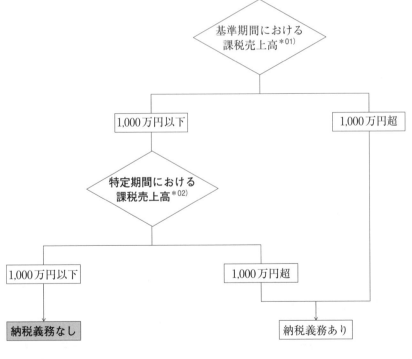

*01）基準期間における課税売上高が1,000万円を超える場合には、特定期間における課税売上高による判定は行いません。

*02）課税事業者の選択の適用を受ける場合には、特定期間における課税売上高による判定よりも優先的に適用を受けるため、この判定は行いません。

２．特定期間における課税売上高による判定

(1) 納税義務の有無の判定

［判定式］

特定期間における課税売上高 ＞ 1,000万円　　∴　**納税義務あり**

　　　　　　　　　　　　　　　≦ 1,000万円　　∴　納税義務なし

(2) 特定期間

　特定期間とは、次の期間を指します。

　① 個人事業者の場合

　　個人事業者の特定期間は、その年の前年１月１日から６月30日までの期間となります。

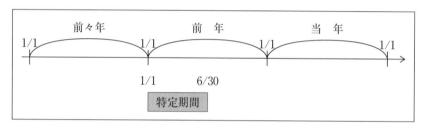

　② 法人の場合

　　法人の特定期間は、原則としてその事業年度の**前事業年度開始の日以後６月の期間**となります。

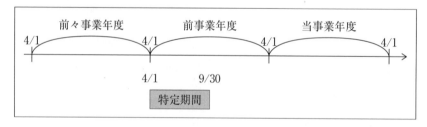

(3) 給与等の合計額を用いる場合

　特定期間における課税売上高は、通常、前事業年度の売上高を用いて計算するため、決算による売上げの金額が確定される前に納税義務の有無の判定を行うこととなります。そのため、事業者が仮決算を組むなどの方法により、**前事業年度の半期の売上げを前もって把握しておく必要**がありますが、事業の規模によっては、決算前に売上げを把握することが困難な事業者もいることから、特定期間中に支払った**支払明細書**[*03]に記載すべき**給与等の金額**の合計額をもって、**特定期間における課税売上高**とすることができます。

＊03）所得税法第231条第１項に規定する支払明細書をいいます。

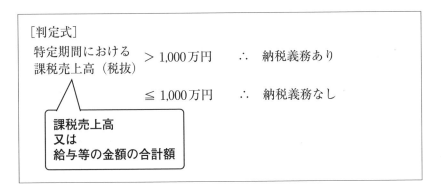

［判定式］

特定期間における
課税売上高（税抜）

> 1,000万円　∴　納税義務あり

≦ 1,000万円　∴　納税義務なし

課税売上高
又は
給与等の金額の合計額

　給与等の金額を用いる特例は、任意に適用することができる特例です。したがって、特定期間における課税売上高を把握している場合であっても、納税者に有利な場合には、この規定を適用し納税義務の有無を判定することも可能です。

2 相続があった場合の納税義務の免除の特例（法10）

1．概要

　納税義務の免除の規定は、本来、小規模事業者に対する救済措置であるにもかかわらず、**相続等の事業承継が行われたことにより事業が拡大**したとしても、納税義務の判定は、事業承継前の過去の売上げを基準とするため、事業承継後の実態が反映されず不合理が生じます。

　そこで、事業承継があった場合に事業を引継いだ相続人が**本来課税事業者であるべき事業を引継いだ**際には、基準期間における課税売上高による判定のみならず、**相続の特例による判定を行う**こととしています[01]。

*01）相続人には、事業を営んでいない相続人が相続により事業を引き継いだ場合も含まれます。そのため、相続のあった日以前に事業を営んでいない場合には、相続人の基準期間における課税売上高は0円として計算します。

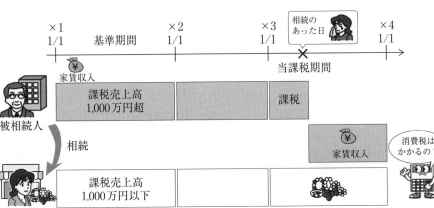

2．相続があった年の納税義務の判定

相続があった年における相続人の納税義務については、先ずは、相続人本人の基準期間、特定期間における課税売上高で判定します。

しかし、判定の結果、納税義務が免除されることとなってしまうと被相続人が本来課税事業者であった場合には、相続人に事業を引き継ぐことにより被相続人が納付すべき消費税が納付されないこととなってしまうため不合理が生じます[*02]。

そこで、消費税法では、基準期間による納税義務の判定だけでなく、相続の特例による判定も行うこととなっています。

⑴　判定手順

① 基準期間の判定

相続があった年における相続人の納税義務の判定は、まず相続人単独の基準期間における課税売上高で判定します。これが1,000万円を超えていれば課税事業者となり、②以降の判定は行いません。

② 特定期間の判定

次に、相続人単独の特定期間における課税売上高で判定します。これが1,000万円を超えていれば課税事業者となり、③相続の判定は行いません。

③ 相続の判定

基準期間における課税売上高、及び特定期間における課税売上高が共に1,000万円以下である相続人[*03]が、基準期間における課税売上高が1,000万円を超える被相続人の事業を承継したときは、相続人のその年の相続のあった日の翌日からその年12月31日まで[*04]の課税資産の譲渡等については、納税義務は免除されません。

すなわち、その年の1月1日から相続のあった日までは納税義務はありませんが、相続のあった日の翌日からその年12月31日までの期間の納税義務は発生します。

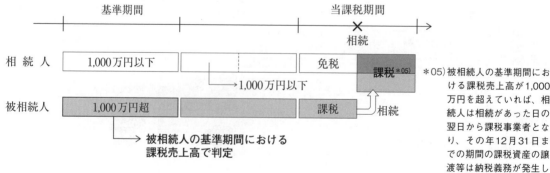

被相続人の基準期間における課税売上高で判定

*02）相続による事業承継とは、店主が亡くなったことによりお店が代替わりするイメージです。
店主が代替わりしたからといってお店の営業状況は変わらないわけですから納税義務の関係もそのまま維持すべきであるという考え方によるものです。

*03）課税事業者を選択している相続人を除きます。

*04）個人事業者が前提なので、課税期間は必ず暦年（1月1日から12月31日まで）です。

*05）被相続人の基準期間における課税売上高が1,000万円を超えていれば、相続人は相続があった日の翌日から課税事業者となり、その年12月31日までの期間の課税資産の譲渡等は納税義務が発生します。このケースでは、その年の取引のうち、課税事業者となった日から12月31日までの取引をピックアップし、税額計算を行います。

3．相続があった年の翌年以後の判定

　　相続があった年の翌年と翌々年までは、相続人の基準期間（前々年）における課税売上高に被相続人の事業に係る売上げが含まれておらず、相続により増えた分の事業規模が納税義務の判定に反映されていないこととなるため、基準期間、特定期間による判定に加え、**被相続人の基準期間における課税売上高との合計額で判定する特例**が設けられています。

⑴　判定手順

①　基準期間の判定

　　相続があった年の翌年と翌々年における相続人の納税義務の判定は、まず相続人単独の基準期間における課税売上高で判定します。これが、1,000万円を超えていれば課税事業者となり、②以降の判定行いません。

②　特定期間の判定

　　次に、相続人単独の特定期間における課税売上高で判定します。これが1,000万円を超えていれば課税事業者となり、③相続の判定は行いません。

③　相続の判定

　　相続人の基準期間における課税売上高、及び特定期間における課税売上高が共に1,000万円以下である場合において、相続人の基準期間における課税売上高と被相続人の基準期間における課税売上高との合計額が1,000万円を超えるときは、相続人[*06]のその年における課税資産の譲渡等については、納税義務は免除されません。

*06）課税事業者を選択している相続人を除きます。

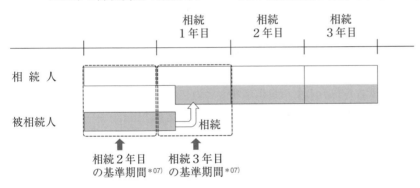

*07）相続人と被相続人の基準期間における課税売上高を合計した金額（点線で囲んだ課税売上高の合計）が1,000万円を超えるか否かで、納税義務の有無を判定します。

4．被相続人の2以上の事業場を2人以上の相続人が承継した場合

　　被相続人が2以上の事業場を有しており、その事業場を2人以上の相続人が事業場ごとに分割して承継したときは、その承継した事業場に係る金額を各相続人の納税義務の判定に用いることとします。

3 合併があった場合の納税義務の免除の特例（法11）

1．合併の形態

合併とは、事業の拡大や効率化のために、**2つ以上の法人が統合して1つの法人になること**をいいます。

この合併には2つの形態があり、いずれの場合においても、合併法人（合併後存続する法人又は合併により設立された法人）は、被合併法人（合併により消滅した法人）の財産や義務等を包括的に承継することとなります。

(1) **吸収合併**　合併する2つ以上の法人のうち合併法人以外が解散・消滅し、残った**合併法人が存続する合併**をいいます。

(2) **新設合併**　合併する2つ以上の法人のすべてが解散・消滅し、**新しい法人を設立する合併**をいいます。

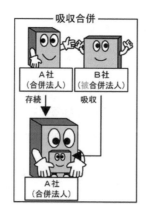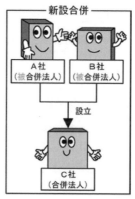

2．合併と納税義務

2相続の場合と同じように、合併による事業承継が行われたことにより事業が拡大したとしても、基準期間の納税義務の判定は、事業承継前の過去の売上げを基準とするため、本来小規模事業者の救済措置であるはずの納税義務の免除の規定を適用させてしまうことは事業承継後の実態が反映されず、不合理が生じます。

そこで、事業承継があった場合に**本来課税事業者であるべき事業を引き継いだ際**には、基準期間における課税売上高による判定のみならず、**合併の特例による判定**を行うこととしています。

3．吸収合併があった場合の納税義務の免除の特例

(1) **吸収合併があった事業年度の納税義務の判定**

吸収合併があった事業年度[*01]における合併法人の納税義務については、まずは通常どおりに合併法人の基準期間における課税売上高及び特定期間における課税売上高で判定します。

しかし、判定の結果、納税義務が免除されることとなってしまうと被合併法人が本来課税事業者であった場合には、被合併法人が納

*01) 複雑にならないように、このSectionでは事業年度が1年であることを前提に解説していきます。

付すべき消費税が合併により納付されないこととなってしまうため不合理が生じます。

そこで、消費税法では基準期間及び特定期間による納税義務の判定だけでなく、**合併の特例による判定**も行うこととなっています。

① 判定手順

　イ　基準期間の判定

　　吸収合併があった事業年度における合併法人の納税義務の判定は、まず合併法人単独の基準期間における課税売上高で判定します。これが1,000万円を超えていれば課税事業者となり、ロ以降の判定は行いません。

　ロ　特定期間の判定

　　次に、合併法人単独の特定期間における課税売上高で判定します。これが1,000万円を超えていれば課税事業者となり、ハ合併の判定は行いません。

　ハ　合併の判定

　　合併法人の基準期間における課税売上高、及び特定期間における課税売上高が共に1,000万円以下である場合、被合併法人の対応する期間の課税売上高で判定し、1,000万円を超えるとき[02]は、合併法人[03]のその事業年度開始の日から合併があった日の前日までの期間の課税資産の譲渡等については納税義務は免除されますが、合併があった日[04]からその事業年度終了の日までの期間の課税資産の譲渡等については納税義務は免除されません。

*02) 被合併法人が2以上ある場合には、いずれかの被合併法人の対応する期間の課税売上高が1,000万円を超えるときです。

*03) 課税事業者を選択している法人を除きます。

*04) 相続の場合は、「相続があった日の"翌日"から」納税義務が生じましたが、合併の場合は「合併があった日から」納税義務が生じます。細かい違いですが、間違えないように注意しましょう。

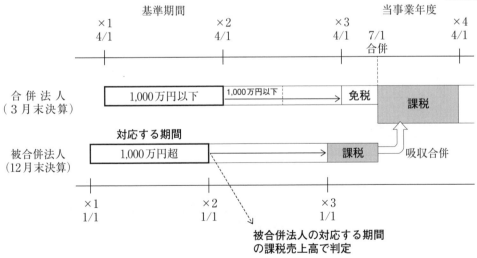

(2)　**吸収合併があった事業年度の翌事業年度及び翌々事業年度の納税義務の判定**

　　吸収合併があった事業年度の翌事業年度及び翌々事業年度における合併法人の納税義務についても、まずは通常どおりに合併法人の基準期間における課税売上高、及び特定期間における課税売上高で判定します。しかし、この基準期間における課税売上高は合併が行

われる以前の事業規模ですので、仮にその課税売上高が1,000万円以下であったとしても、合併した後の合併法人の事業規模が、納税義務を免除するほどの小規模とは限りません。

　そこで、消費税法では基準期間及び特定期間による納税義務の判定だけでなく、**合併の特例による判定**も行うこととしています。

① 判定手順

　イ　基準期間の判定

　　吸収合併があった事業年度の翌事業年度及び翌々事業年度における合併法人の納税義務の判定は、まず合併法人単独の基準期間における課税売上高で判定します。これが1,000万円を超えていれば課税事業者となり、ロ以降の判定は行いません。

　ロ　特定期間の判定

　　次に、合併法人単独の特定期間における課税売上高で判定します。これが1,000万円を超えていれば課税事業者となり、ハ合併の判定は行いません。

　ハ　合併の判定

　　合併法人の基準期間における課税売上高、及び特定期間における課税売上高が共に1,000万円以下である場合、合併法人の基準期間における課税売上高と被合併法人の対応する期間の課税売上高[*05]の合計額[*06]で判定し、1,000万円を超えるときは合併法人[*07]のその事業年度における納税義務は免除されません。

*05) 被合併法人が2以上ある場合には、各被合併法人の対応する期間の課税売上高の合計額を用います。

*06) 合併があった事業年度の特例判定は、被合併法人の課税売上高のみで判定しますが、翌事業年度以後は合併法人と被合併法人の課税売上高の合計額が1,000万円を超えるか否かで判定します。

*07) 課税事業者を選択している法人を除きます。

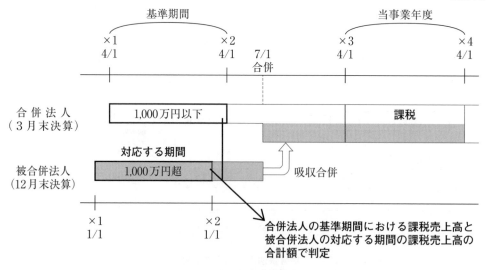

合併法人の基準期間における課税売上高と被合併法人の対応する期間の課税売上高の合計額で判定

4．新設合併があった場合の納税義務の免除の特例

⑴　新設合併があった事業年度の納税義務の判定

　　新設合併があった事業年度の納税義務の判定は、合併法人に基準期間がないため、各被合併法人の対応する期間における課税売上高で個々に判定します。

　　各被合併法人の対応する期間の課税売上高のいずれかが1,000万円を超えている場合には、その合併法人[08]**の合併事業年度の納税義務は免除されません。**なお、新設合併の合併事業年度は、新設法人の基準期間がない事業年度にも該当するため、新設合併の特例の判定により1,000万円以下となった場合には、**新設法人の特例の判定（資本金による判定）**[09]を行います。

*08）課税事業者を選択している法人を除きます。なお、設立初年度にあたるため特定期間の判定はありません。

*09）⑤新設法人の納税義務の免除の特例で学習します。

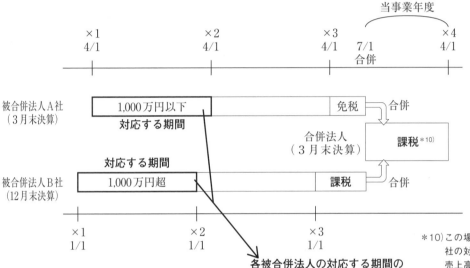

各被合併法人の対応する期間の課税売上高でそれぞれ判定

*10）この場合、被合併法人A社の対応する期間の課税売上高は1,000万円以下ですが、被合併法人B社の対応する期間の課税売上高が1,000万円を超えているので、新たに設立される合併法人は課税事業者となります。

⑵　新設合併があった事業年度の翌事業年度の納税義務の判定

　　新設合併の翌事業年度には、未だ合併法人の基準期間はありません。そのため、**各被合併法人の対応する期間の課税売上高の合計額**[11]**で判定**します。この合計額が1,000万円を超えていれば、合併法人[12]のその事業年度における納税義務は免除されません。

*11）新設合併があった事業年度は被合併法人の対応する期間の課税売上高を個々に判定しますが、翌事業年度はすべての被合併法人の対応する期間の課税売上高の合計額が1,000万円を超えるか否かで判定します。

*12）課税事業者を選択している法人及び特定期間における課税売上高が1,000万円を超える法人を除きます。

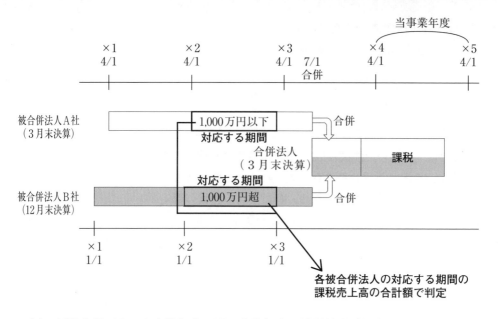

各被合併法人の対応する期間の
課税売上高の合計額で判定

(3) 新設合併があった事業年度の翌々事業年度の納税義務の判定

　新設合併の翌々事業年度については、合併法人の基準期間が初め
て存在します。そのため、まず、合併法人の基準期間における課税
売上高で納税義務の判定を行い[13]、1,000万円以下となった場合には、
特定期間の判定及び吸収合併と同様に合併の特例による判定を行う
こととなっています。

① 判定手順

　イ　基準期間の判定

　　新設合併があった事業年度の翌々事業年度における合併法人
　の納税義務の判定は、まず合併法人単独の基準期間における課
　税売上高で判定します。

　　これが1,000万円を超えていれば課税事業者となり、ロ以降の
　判定は行いません。

　ロ　特定期間の判定

　　次に、合併法人単独の特定期間における課税売上高で判定し
　ます。これが1,000万円を超えていれば課税事業者となり、ハ合
　併の判定は行いません。

　ハ　合併の判定

　　合併法人の基準期間における課税売上高、及び特定期間にお
　ける課税売上高が共に1,000万円以下である場合には、合併法人
　の基準期間における課税売上高と、各被合併法人の対応する期
　間の課税売上高の合計額を合わせた金額で判定し、1,000万円を
　超える場合には、その合併法人[14]のその事業年度における納税
　義務は免除されません。

*13) 基準期間がある場合には、
　　まず通常の納税義務の判
　　定を行います。

*14) 課税事業者を選択してい
　　る法人を除きます。

084

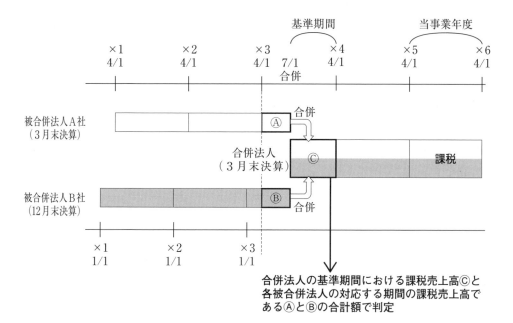

合併法人の基準期間における課税売上高©と
各被合併法人の対応する期間の課税売上高で
ある®と®の合計額で判定

4 分割等があった場合の納税義務の免除の特例（法12）

1．会社分割の形態

会社分割とは、会社を構成する事業を他の会社に移転すること（新設した会社へ移転することも含みます。）をいいます。

消費税法では、会社分割の形態として**分割等**（主に新設分割）と**吸収分割**の2つに分類して、それぞれについて納税義務の免除の特例規定を設けています。

(1)　**分割等**　新たに設立する法人に事業を移転する会社分割をいいます。このとき、新たに設立される法人を**新設分割子法人**、事業を分割・移転する法人を**新設分割親法人**といいます。なお、分割等には、**新設分割**の他に一定の**現物出資や事後設立も含まれます**。

(2)　**吸収分割**　**既存の法人に事業を移転する会社分割**をいいます。このとき、事業を分割・移転する法人を**分割法人**、分割法人の事業を承継する法人を**分割承継法人**といいます。

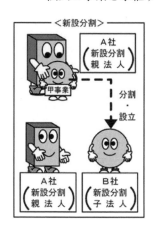 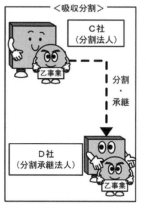

2．会社分割と納税義務

　基準期間における課税売上高が1,000万円以下の小規模な事業者に納税義務の免除が認められているのは、小規模事業者の納税事務手続を軽減するためでした。

　この納税義務の免除の制度によって、会社分割を利用して課税売上高が1,000万円以下の小さな法人に分割することで、納税義務を不当に回避する可能性も考えられます*01)。しかし、本来は、課税事業者であった法人が会社分割をするだけで納税義務が免除されるということは、適当であるとはいえません。

　そのため、消費税法では**会社分割があった場合の納税義務の判定**について、別途特例を設けています。

*01) 例えば、課税売上高4,000万円の法人でも、課税売上高800万円の法人5つに分割すれば、納税義務を免れることになってしまいます。

3．分割等（新設分割）があった場合
⑴　新設分割子法人の納税義務の判定
　①　分割等があった事業年度の納税義務の判定

　　新設分割子法人は**新たに設立された法人であるため、分割があった事業年度と翌事業年度は、基準期間がありません**。そのため、基準期間の判定では免税事業者となってしまいます*02)。

　　しかし、分割等により、本来課税事業者であった規模の事業を引き継いでいる場合には、不合理が生じるため、分割等の判定を行うこととなります。

　　分割等の判定は、**新設分割親法人の対応する期間の課税売上高で判定**します。

　　したがって、新設分割親法人の対応する期間における課税売上高が1,000万円を超える場合には、**新設分割子法人の分割等があった日から分割等があった日の属する事業年度終了の日までの間における課税資産の譲渡等**については、納税義務は免除されません*03)。

*02) 翌事業年度については、特定期間による判定も行います。

*03) 新設分割子法人の分割事業年度、翌事業年度は⑤で学習する新設法人の基準期間がない事業年度にも該当するため、分割等の判定で1,000万円以下となった場合には、新設法人の判定を行います。

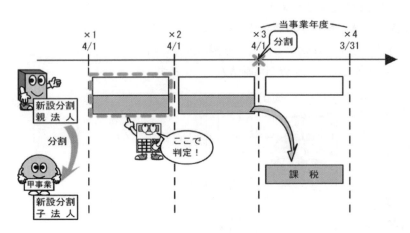

② 分割等があった事業年度の翌事業年度の納税義務の判定

　　新設分割の翌事業年度には、まだ新設分割子法人の基準期間はありません。そのため、**新設分割親法人の対応する期間の課税売上高で判定**します。新設分割親法人の対応する期間の課税売上高が1,000万円を超えていれば、新設分割子法人[04]のその事業年度における課税資産の譲渡等及び特定課税仕入れについては、納税義務は免除されません。

＊04）課税事業者を選択している新設分割子法人及び特定期間における課税売上高が1,000万円を超える新設分割子法人を除きます。

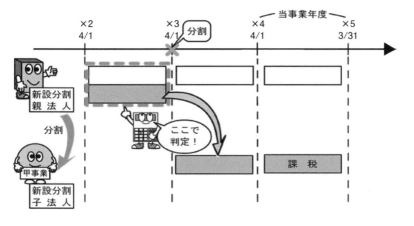

③ 分割等があった事業年度の翌々事業年度以後の納税義務の判定

　　分割等があった事業年度の翌々事業年度以後における新設分割子法人の納税義務については、まずは通常どおりに**新設分割子法人の基準期間における課税売上高**[05]、**特定期間における課税売上高で判定**します。

　　しかし、判定の結果、納税義務が免除されることとなってしまうと、新設分割親法人との分割等の形態によっては、不合理が生じます。

　　そこで、消費税法では、原則的な納税義務の判定だけでなく、分割等の特例による判定も行うこととなっています。なお、翌々事業年度以後の判定は、分割事業年度、翌事業年度と異なり、**新設分割子法人が基準期間の末日において特定要件を満たす場合のみ行い**、特定要件を満たさない場合は分割等の判定自体を行う必要はありません。

＊05）新設分割子法人に基準期間がある点が、翌事業年度と異なる点です。基準期間がある場合には、基準期間における課税売上高による判定が優先されます。

イ　特定要件

　　新設分割親法人及び新設分割親法人と特殊な関係にある者が、新設分割子法人の発行済株式又は出資の総数又は総額の50％超を所有している場合をいいます。つまり、親会社と子会社の関係をイメージしてください。

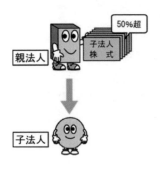

ロ　判定手順

(a)　基準期間の判定

　　　分割等があった事業年度の翌々事業年度以後における新設分割子法人の納税義務の判定は、まず新設分割子法人単独の基準期間における課税売上高で判定します。

　　　これが1,000万円を超えていれば課税事業者となり、(b)以降の判定は行いません。

(b)　特定期間の判定

　　　次に、新設分割子法人単独の特定期間における課税売上高で判定します。これが1,000万円を超えていれば課税事業者となり、(c)分割等の判定は行いません。

(c)　分割等の判定

　　　新設分割子法人の基準期間における課税売上高、及び特定期間における課税売上高が共に1,000万円以下である場合には、新設分割子法人の基準期間における課税売上高と新設分割親法人の対応する期間の課税売上高の合計額で判定し、1,000万円を超えるときは、新設分割子法人[*06]のその事業年度における課税資産の譲渡等については、納税義務は免除されません。

*06) 課税事業者を選択している法人を除きます。

(2)　新設分割親法人の納税義務の判定

① 分割等があった事業年度の翌々事業年度以後の納税義務の判定

　　分割等があった場合の翌々事業年度以後の新設分割親法人の納税義務については、まずは通常どおりに新設分割親法人の基準期間における課税売上高、特定期間における課税売上高で判定します。

　　しかし、判定の結果、納税義務が免除されることとなってしまうと、新設分割子法人との分割等の形態によっては不合理が生じます。

　　そこで消費税法では、原則的な納税義務の判定だけでなく、分割等の特例による判定も行うこととなっています。

　　なお、新設分割親法人の納税義務の判定における分割等の特例判定は、分割事業年度の翌々事業年度から行います。これは、**分割事業年度とその翌事業年度は、基準期間が分割前の期間であるため、分割等の影響を受けておらず、分割等の特例判定を設ける**

必要がないためです。

イ　判定手順
　(a)　基準期間の判定

　　　分割等があった事業年度の翌々事業年度以後における新設分割親法人の納税義務の判定は、まず通常どおりに新設分割親法人単独の基準期間における課税売上高で判定します。

　　　これが1,000万円を超えていれば課税事業者となり、(b)以降の判定は行いません。

　(b)　特定期間の判定

　　　次に、新設分割親法人単独の特定期間における課税売上高で判定します。これが1,000万円を超えていれば課税事業者となり、(c)分割等の判定は行いません。

　(c)　分割等の判定
　　i　特定要件による判定

　　　新設分割親法人の納税義務の判定をする場合においても、分割等により事業規模が小さくなることを意図した租税回避が行われることが考えられるため、特定要件[*07]による判定を行い、特定要件を満たす場合には、翌々事業年度以後引き続き特例判定を適用することとしています。

＊07）(1)③イで学習した特定要件のことです。

　　ii　課税売上高による判定

　　　iを前提として新設分割親法人の基準期間における課税売上高、及び特定期間における課税売上高が共に1,000万円以下である場合には、新設分割親法人の基準期間における課税売上高と、新設分割子法人の対応する期間の課税売上高の合計額で判定し、1,000万円を超えるときは、その事業年度における課税資産の譲渡等については、納税義務は免除されません。

4．吸収分割があった場合

(1)　吸収分割があった事業年度における分割承継法人の納税義務の有無の判定

　①　概要

　　　吸収分割があった事業年度における**分割承継法人**[*08]の**納税義務**については、まずは通常どおりに分割承継法人の基準期間における課税売上高、特定期間における課税売上高で判定します。

＊08）分割により分割法人の事業を承継した法人をいいます。

　　　しかし、判定の結果、納税義務が免除されることとなってしまうと、**分割法人**[*09]が本来課税事業者であった場合には、**分割法人が納付すべき消費税が分割により納付されないこととなってしまう**ため、不合理が生じます。そこで、消費税法では原則的な納税義務の判定だけでなく、特例による判定も行うこととなっています。

＊09）分割をした法人をいいます。

　　　なお、この特例は、分割承継法人に対してのみ設けられており、**分割法人に関しては特例判定を行う必要はありません。**

② 判定手順

イ 基準期間の判定

吸収分割があった事業年度における分割承継法人の納税義務の判定は、まずは分割承継法人単独の基準期間における課税売上高で判定します。これが1,000万円を超えていれば課税事業者となり、ロ以降の判定は行いません。

ロ 特定期間の判定

次に、分割承継法人単独の特定期間における課税売上高で判定します。これが1,000万円を超えていれば課税事業者となり、ハ分割等の判定は行いません。

ハ 分割等の判定

分割承継法人の基準期間における課税売上高、及び特定期間における課税売上高が共に1,000万円以下である場合には、分割法人の対応する期間の課税売上高で判定します。これが1,000万円を超えるときは、その事業年度開始の日から吸収分割があった日の前日までの課税資産の譲渡等については、納税義務は免除されますが、その事業年度の吸収分割があった日からその事業年度終了の日までの間における分割承継法人[*10]の課税資産の譲渡等については、納税義務は免除されません。

*10）課税事業者を選択している法人を除きます。

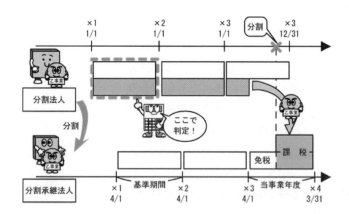

(2) **吸収分割があった事業年度の翌事業年度における分割承継法人の納税義務の有無の判定**

① 概要

吸収分割があった事業年度の翌事業年度における分割承継法人の納税義務についても、まずは通常どおりに分割承継法人の基準期間における課税売上高、特定期間における課税売上高で判定します。しかし、この基準期間における課税売上高は分割が行われる以前の事業規模ですので、分割法人が本来課税事業者であった場合には、分割法人が納付すべき消費税が分割により納付されないこととなってしまうため、不合理が生じます。

そこで、消費税法では通常の納税義務の判定だけでなく、**分割等の特例による判定**も行うこととしています。

② 判定手順

イ 基準期間の判定

吸収分割があった事業年度の翌事業年度における分割承継法人の納税義務の判定は、まず分割承継法人単独の基準期間における課税売上高で判定します。これが1,000万円を超えていれば課税事業者となり、ロ以降の判定は行いません。

ロ 特定期間の判定

次に、分割承継法人単独の特定期間における課税売上高で判定します。これが1,000万円を超えていれば課税事業者となり、ハ分割等の判定は行いません。

ハ 分割等の判定

分割承継法人[*11]の基準期間における課税売上高、及び特定期間における課税売上高が共に1,000万円以下である場合には、分割法人の対応する期間の課税売上高で判定します。これが1,000万円を超えるときは、その事業年度における課税資産の譲渡等については、納税義務は免除されません。

*11）課税事業者を選択している法人を除きます。

⑶ **吸収分割があった事業年度の翌々事業年度以後における分割承継法人の納税義務の有無の判定**

新設分割とは異なり、吸収分割があった場合における分割承継法人の納税義務の判定の特例は、**吸収分割があった事業年度の翌事業年度までしかありません。**したがって、**翌々事業年度以後については、分割承継法人の基準期間における課税売上高、特定期間における課税売上高のみで納税義務の有無を判定**します。[*12]

*12）吸収分割の翌々事業年度以後において、分割承継法人が分割法人の課税売上高を用いて判定することはありません。

⑷ **分割法人の納税義務の有無の判定**

吸収分割の場合、分割承継法人には納税義務の判定に関して特例が設けられていますが、**分割法人に特例はありません。**したがって、分割法人の納税義務の有無は、分割法人の基準期間における課税売上高、及び特定期間における課税売上高で判定します。

5 新設法人の納税義務の免除の特例（法12の2①）

「新設法人の納税義務の免除の特例」の適用要件は、**新設法人**に該当することです。

新設法人とは、**基準期間がなく、かつ、その事業年度の開始の日における資本金の額又は出資の金額が1,000万円以上である法人**をいいます*01)。

なお、特定期間がある設立第2期に関しては、特定期間における課税売上高が優先されます。

*01) 資本金の判定は、納税義務の有無を判定すべき課税期間の初日で行うため、設立時以後基準期間が生じるまでの間で増資等により資本金の額等に変更があった場合には注意が必要です。

〈納税義務の免除の特例による判定〉

・基準期間なし

・その事業年度開始の日における資本金の額又は出資の金額が1,000万円以上

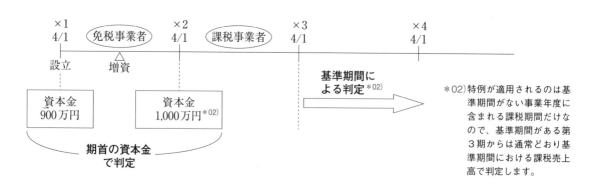

*02) 特例が適用されるのは基準期間がない事業年度に含まれる課税期間だけなので、基準期間がある第3期からは通常どおり基準期間における課税売上高で判定します。

Chapter

7

課税標準・税率
資産の譲渡等の時期

Chapter 1 で学習したように、消費税の計算では、まず、「預かった消費税」を求めることからはじまります。預かった消費税は、売上げに対する税金であるため、対象となる売上げの金額の正確な把握が必要です。

この Chapter ではこれまで見てきた取引を「金額」という側面から見ていきましょう。

Section

課税標準の概要

消費税に限らず、税額を計算する場合には、まず「課税標準」というものを求めます。
取引を表現する際、例えば「りんごが1つ売れた」など、様々な表現方法があります。
しかし、税金はあくまでも「納付税額」という金額で捉えられるため、「りんごを1つ」
では計算ができないのです。そこで、税金を計算する際には、行われた取引を「金額」
で捉える必要があります。この取引を金額で捉えたものが課税標準です。

1 課税標準とは

　課税標準とは、**税額を計算するための基礎となる金額**のことであり、
課税資産の譲渡等となる取引を金額で表したものです。この課税標準に
基づき消費税額を計算します。なお、課税標準額（次ページで説明）に
税率を乗じて課税標準額に対する消費税額を求めます。

```
消費税額の計算

(1)課税標準額に対する消費税額
   ①課税標準額                    ←ここの計算です
   ②課税標準額に対する消費税額

(2)税額控除額

(3)納付税額
   ①差引税額
   ②納付税額
```

消費税法 〈課税標準〉 *01)

第28条①　課税資産の譲渡等（特定資産の譲渡等に該当するものを除く。）
　　　　　に係る消費税の課税標準は、課税資産の譲渡等の対価の額とする。
　　　　　ただし、法人が資産を法人税法に規定する役員に譲渡した場合に
　　　　　おいて、その対価の額がその譲渡の時における当該資産の価額に
　　　　　比し著しく低いときは、その価額に相当する金額をその対価の額
　　　　　とみなす。

第28条④　保税地域から引き取られる課税貨物に係る消費税の課税標準は、
　　　　　その課税貨物につき関税定率法の規定に準じて算出した価格にそ
　　　　　の課税貨物の保税地域からの引取りに係る消費税以外の消費税等
　　　　　の額及び関税の額（附帯税の額に相当する額を除く。）に相当する
　　　　　金額を加算した金額とする。

*01) 特定課税仕入れについて
　　 は、1級の範囲となります。

国内取引の課税標準

3 級
2 級

Section 1で学習したように、課税標準は、取引を金額で捉えていきますが、ここでは具体的な計算方法や金額の捉え方について学習していきます。

1 国内取引の課税標準額の概要　　3 級

　国内取引の課税標準額は、**課税資産の譲渡等の対価の額（税抜）** [*01]です[*02]。

　これは、確定申告に際して、国内において行った課税資産の譲渡等に係る課税標準である金額の合計額その他一定の金額の合計額は課税標準額といいますが、その課税標準額を求めるため、次のとおり、国内の課税売上合計（税込）に110分の100をかけて計算します。

　なお、課税標準額は1,000円未満を切り捨てするのが規則で決まっています[*03]。

・課税標準額

$$国内課税売上合計（税込）\times \frac{100}{110} = \times\times\times \rightarrow \times\times\times（1,000円未満切捨）$$

・課税標準額に対する消費税額

課税標準額×税率（7.8％）＝課税標準額に対する消費税額（預かった消費税額）

*01) 対価とは、物などを対価として受け取った場合のように金銭に限らず、資産の譲渡等に対して何らかの「見返り」がある場合に、この見返りを「対価」といいます。したがって、「対価の額」とは、この「対価」を金額で表したものということになります。詳しくはChapter 3を参照してください。

*02) 消費税法では「課税資産の譲渡等に係る消費税の課税標準は、課税資産の譲渡等の対価の額とする」となっていて、言い回しが難しいことから、本書ではこのように記載しています。

*03) 消費税だけでなく、全ての税金の課税標準額は「国税通則法」という法律で1,000円未満切捨と決まっています。

課税資産の譲渡等の対価の額（法28①、基通10－1－1）　（3級）

　「課税資産の譲渡等の対価の額」とは、課税資産の譲渡等となる取引につき、「対価として**収受し、又は収受すべき**一切の金銭又は金銭以外の物若しくは権利その他の経済的利益の額[*01]」をいい、**消費税額等を含まない金額**です。

　また、この場合の「収受すべき」とは、その課税資産の譲渡等を行った場合のその課税資産等の価額[*02]をいうのではなく、その譲渡等に係る**当事者間で授受することとした対価の額**をいいます[*03]。

*01）例えば、課税資産の譲渡等の対価として金銭以外の物若しくは権利の給付を受け、又は金銭を無償若しくは通常の利率よりも低い利率で借受けをした場合のように、実質的に資産の譲渡等の対価と同様の経済的効果をもたらすものをいいます。

*02）「価額」とは時価を指します。

*03）資産そのものの価額ではなく実際に取引された金額です。
　バーゲンをイメージすると、値引前の値札ではなく、実際に受け取った値引後の金額が対価の額となります。

　次の【資料】により、当社の課税標準額及び課税標準額に対する消費税額を求めなさい。なお、当社は当課税期間まで継続して課税事業者であり、金額は税込みである。

【資料】

(1)　国内の事業者への商品売上高：21,820,000円

　　上記の商品売上高の他に、社内販売によりすべての従業員に対し、一律定価の30％引きで販売した際の売上高が180,000円ある。

(2)　固定資産売却益：500,000円

　　帳簿価額4,500,000円の車両を5,500,000円で売却し、固定資産売却益500,000円を計上したものである。

解　答

課税標準額	25,000,000	円
課税標準額に対する消費税額	1,950,000	円

解　説

(1)　課税標準額

①　21,820,000円 + 180,000円 + 5,500,000円 = 27,500,000円

②　$27,500,000円 \times \dfrac{100}{110} = 25,000,000円$（1,000円未満切捨）

(2)　課税標準額に対する消費税額

25,000,000円 × 7.8％ = 1,950,000円

3 低額譲渡とみなし譲渡　2級

2で学習したように、消費税では原則的に「対価の額」に着目しており、その商品等の時価がいくらであったのかは考慮されません。

しかし、対価の額を用いることにより、意図的に消費税を少なく納付する租税回避行為が生じることを防ぐため、以下の2つの取引に関しては、例外的に実際の対価の額がいくらであるかにかかわらず、**時価で計上**することとしています。

1．低額譲渡（法28①、基通10-1-2）

法人が資産を自社の役員に譲渡した場合で、その対価の額がその譲渡の時におけるその資産の価額と比較して著しく低い（低額譲渡）ときは、**その資産の価額相当額がその対価の額とみなされます**[*01]。

低額譲渡かどうかは以下の要件で判断し、該当する場合は、**通常の販売価額（時価）に相当する金額を課税標準**とします。

	要件	対価の額
棚卸資産[*02]	仕入価額＞譲渡対価 又は 通常の販売価額×50％＞譲渡対価	通常の 販売価額 （時価）
棚卸資産以外の資産	譲渡時の価額（時価）×50％＞譲渡対価	

*01) ただし、法人が資産を役員に対し著しく低い価額により譲渡した場合においても、その資産の譲渡が、役員及び使用人の全部につき一律に又は勤続年数等に応じる合理的な基準により普遍的に定められた値引率に基づいて行われた場合は低額譲渡に該当しません。
例えば社員割引などのように従業員等のすべてが同じ割引率で購入できるような場合です。

*02) 棚卸資産に関しては、仕入価額よりも譲渡対価が少なかった時点で低額譲渡に該当しますので、その場合には通常の販売価額の50％を求める必要はありません。

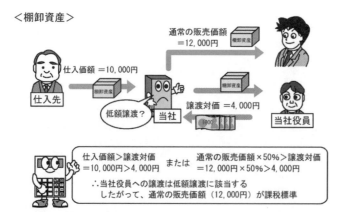

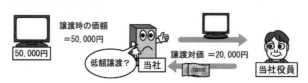

次の【資料】により、当社の課税標準額を求めなさい。なお、当社は当課税期間まで継続して課税事業者であり、金額は税込みである。

【資料】

(1) 国内の事業者への商品売上高：22,000,000円

(2) 当社の役員への商品売上高：1,200,000円

（仕入価額：1,500,000円、通常販売価額：2,100,000円）

(3) 得意先の役員への商品売上高：630,000円

（仕入価額：700,000円、通常販売価額：1,000,000円）

(4) 当社の役員への固定資産売却高：350,000円

車両（帳簿価額720,000円、譲渡時の価額840,000円）を350,000円で売却し、固定資産売却損370,000円を計上している。

解 答

課税標準額	23,245,000	円

解 説

(1) 課税標準額

① $22{,}000{,}000円 + 2{,}100{,}000円^{※1} + 630{,}000円 + 840{,}000円^{※2} = 25{,}570{,}000円$

※1 $1{,}200{,}000円 < 1{,}500{,}000円$ ∴低額譲渡に該当 $2{,}100{,}000円^{*01)}$

※2 $840{,}000円 \times 50\% = 420{,}000円 > 350{,}000円$ ∴低額譲渡に該当 $840{,}000円^{*01)}$

② $25{,}570{,}000円 \times \dfrac{100}{110} = 23{,}245{,}454円 \to 23{,}245{,}000円$（1,000円未満切捨）

*01）計算過程欄は、問題文のどの計算を行っているのかを、計算過程欄を読んだだけで判断できるように記載する必要があります。低額譲渡やみなし譲渡の判定は、解答の計算根拠となる部分ですので、実際に答案用紙に記載します。

2．みなし譲渡（法4⑤、法28③、基通10－1－18）

　　個人事業者が家事消費を行った場合又は法人が資産をその役員に対して贈与を行った場合はみなし譲渡に該当し、課税の対象となります。

・個人事業者が棚卸資産等の事業用資産を家事のために消費し、又は使用した場合
・法人が資産をその役員に対して贈与した場合

　　なお、みなし譲渡に該当する場合の課税標準は、以下のようになります。

	要件	対価の額	
棚卸資産	個人事業者が家事消費を行った又は法人が資産を役員に対して贈与を行った	通常の販売価額×50％又は仕入価額	いずれか大きい方の金額*03)
棚卸資産以外の資産		譲渡時の価額（時価）	

*03) このケースに該当する場合だけ計上金額が時価にはならないので注意が必要です。

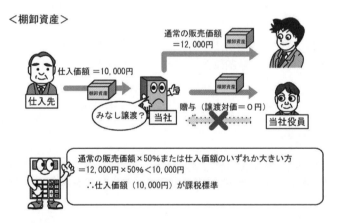

次の【資料】により、当社の課税標準額を求めなさい。なお、当社は当課税期間まで継続して課税事業者であり、金額は税込みである。

【資料】

(1) 国内の事業者への商品売上高：22,000,000円

(2) 当社の役員に商品（仕入価額140,000円、販売価額200,000円）を贈与している。

(3) 当社の使用人に商品（仕入価額200,000円、販売価額300,000円）を贈与している。

(4) 当社の役員に絵画（購入価額1,000,000円、時価3,000,000円）を贈与している。

(5) 得意先の役員に絵画（購入価額500,000円、時価700,000円）を贈与している。

解 答

課税標準額	22,854,000	円

解 説

(1) 課税標準額

① $22,000,000 円 + 140,000 円^{※} + 3,000,000 円 = 25,140,000 円$

※ $200,000 円 × 50 \% = 100,000 円 < 140,000 円 \quad ∴ 140,000 円$

② $25,140,000 円 × \dfrac{100}{110} = 22,854,545 円 → 22,854,000 円 （1,000円未満切捨）$

(3)は当社の使用人に対する贈与、(5)は得意先の役員に対する贈与であるため、みなし譲渡には該当しません。

次の【資料】により、個人事業者Nの課税標準額を求めなさい。なお、Nは当課税期間まで継続して課税事業者であり、金額は税込みである。

【資料】

(1) 課税売上高：2,000,000円

(2) 商品（仕入価額100,000円、通常販売価額240,000円）を自家消費している。

解 答

課税標準額	1,927,000	円

解 説

(1) 課税標準額

① $2,000,000 円 + 120,000 円^{※} = 2,120,000 円$

※ $240,000 円 × 50 \% = 120,000 円 > 100,000 円 \quad ∴ 120,000 円$

② $2,120,000 円 × \dfrac{100}{110} = 1,927,272 円 → 1,927,000 円 （1,000円未満切捨）$

資産の譲渡等に類する行為に係る対価の額としては、主に以下のようなものがあります。

1. 代物弁済による資産の譲渡（令45②一）

代物弁済とは、債務者が本来弁済することとなっている給付 *01) に代えて、他の給付をすることにより債務を弁済することです *02)。

代物弁済による資産の譲渡の場合は、**代物弁済により消滅する債務の額**（その代物弁済により譲渡される資産の価額がその債務の額を超える額に相当する金額につき支払いを受ける場合は、その支払いを受ける金額を加算した金額）に相当する金額をもって対価の額とします *03)。

*01) 物を与え渡すことをいいます。

*02) 例えば、金銭債務を、現金の代わりに土地を引き渡して弁済することです。

*03) 10,000円の債務の代物弁済として、12,000円の宝石を受け取った場合には10,000円

対価の額	・差額金の受取りがある場合 　代物弁済により消滅する債務の額＋**受け取った金銭の額** ・差額金の支払いがある場合 　代物弁済により消滅する債務の額－**支払った金銭の額**

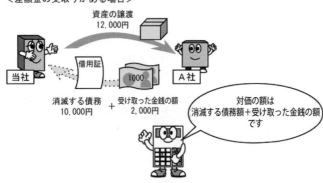

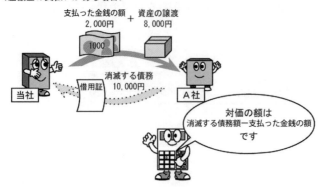

次の【資料】により、当社の課税標準額を求めなさい。なお、当社は当課税期間まで継続して課税事業者であり、金額は税込みである。

【資料】

(1)　得意先に対する借入金500,000円の返済にあたり、商品（通常販売価額700,000円）を得意先に引き渡し、100,000円を得意先より受け取った。

(2)　得意先に対する借入金1,000,000円の返済にあたり、絵画（時価900,000円）を得意先に引き渡し、150,000円を得意先に支払った。

解　答

課税標準額　　　　　　　　1,318,000　　　円

解　説

(1)　課税標準額

①　（500,000円 + 100,000円）+（1,000,000円 − 150,000円）= 1,450,000円

②　$1,450,000円 \times \dfrac{100}{110} = 1,318,181円 \rightarrow 1,318,000円$（1,000円未満切捨）

2．負担付き贈与による資産の譲渡（令45②二）

負担付き贈与とは、受贈者に一定の債務を負担させることを条件にした財産の贈与をいいます[02]。

負担付き贈与による資産の譲渡の場合は、その**負担付き贈与に係る負担の価額に相当する金額**をもって対価の額とします。

[02] 例えば、土地を譲り受ける代わりに、土地の譲渡人の債務も併せて引き受けることです。

対価の額	その負担付き贈与に係る負担の価額に相当する金額

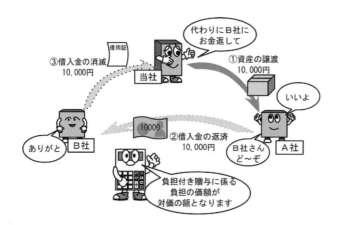

次の【資料】により、当社の課税標準額を求めなさい。なお、当社は当課税期間まで継続して課税事業者であり、金額は税込みである。

【資料】

得意先に対し、銀行からの借入金500,000円を肩代わりしてもらうことを条件とし、車両（時価550,000円、帳簿価額520,000円）を贈与した。

解 答

課税標準額	454,000	円

解 説

(1) 課税標準額

$$500,000円 \times \frac{100}{110} = 454,545円 \rightarrow 454,000円（1,000円未満切捨）$$

3．現物出資（令45②三）

現物出資による資産の譲渡の場合は、その**出資により取得する株式**
（出資を含む）の取得の時における価額に相当する金額をもって対価の
額とします。

対価の額	その出資により取得する株式の取得時における価額

設問7 金銭以外の資産の出資

次の【資料】により、当社の課税標準額を求めなさい。なお、当社は当課税期間まで継続して課
税事業者であり、金額は税込みである。

【資料】

当社は、仕入先L社に建物（帳簿価額35,000,000円）を出資し、L社株式（時価40,000,000円）
を取得した。

解 答

課税標準額 　　　36,363,000 　円

解 説

(1) 課税標準額

$$40,000,000円 \times \frac{100}{110} = 36,363,636円 \rightarrow 36,363,000円（1,000円未満切捨）$$

4. 資産の交換（令45②四）

　　資産の交換とは、所有している金銭以外の資産と、他の者が所有している金銭以外の資産を交換する取引のことをいいます。

　　交換による資産の譲渡等の場合は、その**交換により取得する資産の取得の時における価額**（その交換により譲渡する資産の価額とその交換により取得する資産の価額との差額を補うための金銭を取得するときは、その取得する金銭の額を加算した金額とし、その差額を補うための金銭を支払うときは、その支払う金銭の額を控除した金額とする。）に相当する金額をもって対価の額とします。

対価の額	・交換差金の受取りがある場合 　　取得資産の時価＋**受け取った金銭の額** ・交換差金の支払いがある 　　取得資産の時価－**支払った金銭の額**

設問8　　　　　　　　　　　　　　　　　　　　　　　　　　　　　　　　資産の交換

　次の【資料】により、当社の課税標準額を求めなさい。なお、当社は当課税期間まで継続して課税事業者であり、金額は税込みである。

【資料】

　(1)　当社は、当社が保有する建物（帳簿価額30,000,000円、時価32,000,000円）とA社が保有する建物（時価34,000,000円）を交換し、交換差金2,000,000円を支払った。

　(2)　当社は、当社が保有する機械装置（帳簿価額360,000円、時価400,000円）とB社が保有する機械装置（時価370,000円）を交換し、交換差金30,000円を受け取った。

解　答

課税標準額　　　　　　　　　　| 29,454,000 |　　円

解　説

　(1)　課税標準額

　　　（34,000,000円－2,000,000円）＋（370,000円＋30,000円）＝32,400,000円

　　　$32,400,000円 \times \dfrac{100}{110} = 29,454,545円 \rightarrow 29,454,000円$（1,000円未満切捨）

5 一括譲渡 〔2級〕

1．一括譲渡の意義（令45③）

　一括譲渡とは、事業者が課税資産の譲渡等に係る資産（課税資産）と課税資産の譲渡等以外の資産の譲渡等に係る資産（非課税資産）とを同一の者に対して同時に譲渡することです[*01]。

2．一括譲渡の計算方法

(1) 合理的に区分されている場合

　課税資産と非課税資産が**合理的に区分されている場合**には、その**区分された金額をもって対価の額を区分します**[*02]。

(2) 合理的に区分されていない場合

　課税資産と非課税資産が**合理的に区分されていない場合**には、その課税資産の譲渡等に係る消費税の課税標準は、次の算式により計算した金額となります。

$$一括譲渡の対価の額 \times \frac{課税資産の価額}{課税資産の価額＋非課税資産の価額}$$

合理的に区分されている場合	その区分された金額	課税資産に係る部分	課税売上げ
		非課税資産に係る部分	非課税売上げ
合理的に区分されていない場合	時価に基づき合理的に区分する	課税資産に係る部分	課税売上げ
		非課税資産に係る部分	非課税売上げ

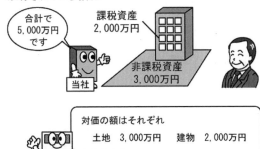

＜区分されている場合＞

合計で5,000万円です

課税資産 2,000万円

非課税資産 3,000万円

当社

対価の額はそれぞれ
土地 3,000万円　建物 2,000万円
となります

*01）例えば、土地付建物を譲渡する場合等が該当します。

*02）合理的に区分されている場合とは、例えば売買契約書等にそれぞれの資産の金額の内訳が記載されている場合をいいます。また、課税資産と非課税資産の合計金額の記載しかない場合においても、その金額に含まれる消費税額の記載がある場合には、消費税額から逆算して課税資産の金額が求められるため、区分されている場合に該当します。

例）譲渡対価1,000万円（うち消費税額50万円）

・課税資産500万円（50万円÷0.100＝税抜対価500万円）
・非課税資産450万円（1,000万円－税込対価（500万円＋50万円））

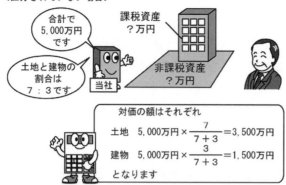

次の【資料】により、それぞれの場合の当社の課税売上高と非課税売上高を求めなさい。

なお、資料の金額は税込みである。

【資料】

　(1)　固定資産売却益：2,000,000円

　　　当社が所有する土地付建物を12,000,000円で売却したことにより計上したものである。

　　　なお、売買契約書に建物の売却価額5,000,000円、土地の売却価額7,000,000円が明記されて

　　いる。

　(2)　固定資産売却益：3,000,000円

　　　当社が所有する土地付建物を20,000,000円で売却したことにより計上したものである。

　　　なお、売却した建物と土地の時価の比は、2：8である。

解　答

(1)	課税売上高	5,000,000	円
	非課税売上高	7,000,000	円
(2)	課税売上高	4,000,000	円
	非課税売上高	16,000,000	円

解　説

　(1)　合理的に区分されている場合

　　　建物：5,000,000円（課税売上高）

　　　土地：7,000,000円（非課税売上高）

　(2)　合理的に区分されていない場合

　　　建物：$20,000,000円 \times \dfrac{2}{2+8} = 4,000,000円$　（課税売上高）

　　　土地：$20,000,000円 \times \dfrac{8}{2+8} = 16,000,000円$　（非課税売上高）

6 未経過固定資産税等の取扱い（基通１０−１−６） 〔2級〕

1. 固定資産税とは

　　固定資産税とは、固定資産（土地や建物、償却資産^{*01)}）を持っている人に対して課税される市町村民税です。

*01)償却資産とは、個人や法人が所有する、土地や家屋以外の事業に用いる資産であり、所得税法や法人税法の規定で一定の金額を費用に認められることとなります。

2. 固定資産税の納税義務者

　　固定資産税の納税義務者は、**課税年度の1月1日における固定資産の所有者**です。課税年度の途中で取得した固定資産には、その年度においては**納税義務は発生しません**^{*02)}。

*02)翌年度から発生します。

3. 未経過固定資産税等の取扱い（基通10−1−6）

　　不動産売買では慣例的に、譲渡した者が支払っていた固定資産税のうち、売却日以後の期間に相当する部分の金額を「固定資産税精算金」等の名目で不動産の購入代金に上乗せして、不動産を購入した者が実質負担することで当事者間で精算をする場合があります。

　　この「売却日以後の精算金として譲渡対価に上乗せされた部分」を「**未経過固定資産税**」といいます。

　　この「未経過固定資産税」は、当事者間での単なる契約上の価格調整であり、税金の返還分にはあたらないため、実質的な対価として消費税の**課税標準に含めます**。また、その資産の譲渡について収受する金額とは別に収受している場合であっても**未経過分に相当する金額はその資産の譲渡の金額に含まれます**。

対価の額に含める	・固定資産税 ・自動車税　等	譲渡時において未経過分がある場合
対価の額に含めない		名義変更をしなかったこと等により資産の譲渡をした事業者に対して課された場合^{*03)}

*03)なお、資産の名義変更をしないと、固定資産税は以前の所有者に対して課税されます。このとき、資産を譲渡した者（以前の所有者）は購入した者から、名義が変更されていないことから、支払った固定資産税分の金銭を受け取ることになりますが、この場合は、その金額は資産の譲渡等の対価に該当しません。

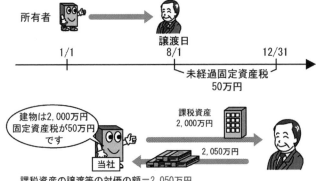

課税資産の譲渡等の対価の額＝2,050万円

Chapter 7｜課税標準・税率　**109**

次の【資料】により、当社の課税売上げの金額を求めなさい。なお、資料の金額は税込みである。

【資料】

　当社が有する建物を、10,000,000円で譲渡し、未経過分の固定資産税50,000円とともに現金で受け取った。

解　答

　課税売上げ　　　　　　　　　　　| 10,050,000 |　円

解　説

　10,000,000円 + 50,000円 = 10,050,000円

---

7 個別消費税の取扱い（基通10－1－11）　　　②級

　課税資産の譲渡等の対価の額には、酒税、たばこ税、揮発油税、石油石炭税、石油ガス税等が含まれます。

　一方、**軽油引取税**、**ゴルフ場利用税**及び**入湯税**（にゅうとうぜい）は、利用者等が納税義務者となっているので対価の額には含まれません。

　ただし、その税額に相当する金額について明確に区分されていない場合は、対価の額に含まれます。

対価の額に含めない	・軽油引取税*01) ・ゴルフ場利用税*01) ・入湯税*01)	※金額が明確に区分されていない場合には、対価の額に含まれます。
対価の額に含める	・酒税　・たばこ税　・揮発油税 ・石油石炭税　・石油ガス税	

*01）この3つの税金の名称だけ押さえましょう。

次の【資料】により、当社の課税売上げの金額を求めなさい。なお、資料の金額は税込みである。
【資料】

　当社（ゴルフ場経営）は、ゴルフ場利用者からゴルフプレー代100,000円（うちゴルフ場利用税3,500円）を受け取った。

解　答

課税売上げ　　　　　　　　　　　| 96,500 |　円

解　説

　100,000円 − 3,500円 ＝ 96,500円

輸入取引の課税標準

3級

Chapter 3で、輸入取引は「保税地域から引き取られる外国貨物」を課税の対象と
していることを学習しました。

それでは、輸入取引の課税標準はどのように求めるのでしょうか？

1 輸入取引に係る課税標準（法28④）

保税地域から引き取られる課税貨物に係る消費税の課税標準[01]は、**課税貨物の引取価格に、課税貨物の保税地域からの引取りに係る消費税以外の消費税等の額及び関税の額に相当する金額を加算した金額**とします。

具体的には、以下のように計算します。

・輸入取引に係る課税標準[01]

関税課税価格[02]＋個別消費税額[03]＋関税額＝輸入取引に係る課税標準

*01）輸入取引の課税標準は、
　　国内の保税地域に陸揚げ
　　するまでにかかった費用
　　のすべての合計金額（船
　　代など）となります。

*02）関税課税価格については
　　1級で学習します。なお、
　　関税課税価格とはCIF価
　　格ともいい、」
　　・Cost（価格）
　　・Insurance（保険料）
　　・Freight（運賃）
　　の合計という意味です。
　　輸入した貨物が日本の港
　　に到着するまでにかかっ
　　た費用の合計額です。

*03）個別消費税額については
　　前々ページで学習してい
　　ます。

税率

私たちが普段支払っている消費税10%という税率は、正確には国税と地方税で構成
されている税率だということをChapter 1で学習しました。
ここでは、もう一度、消費税の税率について学習します。

1 消費税の税率（法29）

消費税の税率は、次のとおりです*01)。

	国　税　部　分	地　方　税　部　分	合　　　　　計
標　準　税　率	7.8％	2.2％	10％
軽　減　税　率	6.24％	1.76％	8％

*01)令和元年10月1日以後
の取引について左の税率
の適用となります。
平成26年4月1日から令
和元年9月30日までは、
6.3％（地方消費税1.7％）
です。

> **消費税法〈税率〉**
> 第29条　消費税の税率は、次の各号に掲げる区分に応じ当該各号に定める
> 　　　　率とする。
> 　一　課税資産の譲渡等（軽減対象課税資産の譲渡等を除く。）、特定課税仕
> 　　　入れ及び保税地域から引き取られる課税貨物（軽減対象課税貨物を除
> 　　　く。）　100分の7.8
> 　二　軽減対象課税資産の譲渡等及び保税地域から引き取られる軽減対象課
> 　　　税貨物　100分の6.24

2 軽減税率（平成28年改正附則第34）

　事業者が、令和元年10月1日から国内において行う課税資産の譲渡等
のうち次に掲げる(1)及び(2)に該当するもの並びに保税地域から引き取ら
れる課税貨物のうち(1)に規定する飲食料品に該当するものに係る消費税
の税率は、1にかかわらず、6.24％とする。

(1)　**飲食料品**（食品表示法に規定する食品（酒類を除く。以下「食品」
　　という。））**の譲渡**

(2)　一定の題号を用い、政治、経済、社会、文化等に関する一般社会
　　的事実を掲載する**新聞**（1週に2回以上発行する新聞に限る。）**の定
　　期購読契約に基づく譲渡**

3 飲食料品の譲渡

(1) 軽減税率の対象となる飲食料品

　　食品表示法に規定する食品（人の飲用又は食用に供されるものとして販売されるもの）

(2) 軽減税率の対象とならないもの

① 酒税法に規定する酒類

② 外食

　　飲食店業等が行う食事の提供

③ ケータリング

　　課税資産の譲渡等の相手方が指定した場所において行う加熱、調理又は給仕等の役務を伴う飲食料品の提供

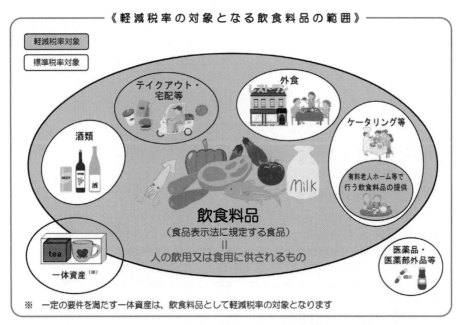

（出典：国税庁「よくわかる消費税軽減税率制度（令和元年7月）（パンフレット）」

4 新聞の定期購読契約に基づく譲渡

(1) 販売方法

（軽減税率）	（標準税率）
定期購読契約に基づく販売	駅、又はコンビニエンスストアでの販売

(2) 新聞の発行

（軽減税率）	（標準税率）
1週に2回以上発行される新聞	左記以外の新聞

5 課税標準額及び課税標準額に対する消費税額の計算

　課税標準額及び課税標準額に対する消費税額は、標準税率及び軽減税率ごとに計算し合計していきます。

　なお、この課税標準額に対する消費税額の計算方法を「割戻し計算」といいます。

Ⅰ　課税標準額

(1)　標準税率

①　課税資産の譲渡等

$$\left(\begin{array}{l} \text{標準税率適用国内課税} \\ \text{売上げの合計額 (税込)} \end{array} \right) \times \frac{100}{110} = \text{XXX,XXX,XXX円} \rightarrow \text{XXX,XXX,000円 (A) (千円未満切捨)}$$

(2)　軽減税率

$$\left(\begin{array}{l} \text{軽減税率適用国内課税} \\ \text{売上げの合計額 (税込)} \end{array} \right) \times \frac{100}{108} = \text{XXX,XXX,XXX円} \rightarrow \text{XXX,XXX,000円 (B) (千円未満切捨)}$$

(3)　合　計

(1)+(2)＝XXX,XXX,000円

Ⅱ　課税標準額に対する消費税額

(1)　標準税率

(A) ×7.8％＝X,XXX,XXX円

(2)　軽減税率

(B) ×6.24％＝X,XXX,XXX円

(3)　合　計

(1)+(2)＝X,XXX,XXX円

　次の【資料】より食料品販売業を営む当社の当課税期間の課税標準額に対する消費税額を割戻し計算の方法により計算しなさい。なお、当社は税込経理方式を採用している。

【資料】

　⑴　当社の当課税期間の課税売上高の内訳は、次のとおりであった。

　　①　標準税率が適用される課税売上高　　　　　　　　8,735,000円

　　②　軽減税率が適用される課税売上高　　　　　　　28,560,000円

解　答

　課税標準額に対する消費税額　[　2,269,425　]　円

解　説

　⑴　課税標準額

　　①　標準税率

　　　$8,735,000円 \times \dfrac{100}{110} = 7,940,909円 \rightarrow 7,940,000円$（1,000円未満切捨）

　　②　軽減税率

　　　$28,560,000円 \times \dfrac{100}{108} = 26,444,444円 \rightarrow 26,444,000円$（1,000円未満切捨）

　　③　合計

　　　$7,940,000円 + 26,444,000円 = 34,384,000円$

　⑵　課税標準額に対する消費税額

　　①　標準税率

　　　$7,940,000円 \times 7.8\% = 619,320円$

　　②　軽減税率

　　　$26,444,000円 \times 6.24\% = 1,650,105円$

　　③　合計

　　　$619,320円 + 1,650,105円 = 2,269,425円$

6 課税標準額に対する消費税額の計算の特例

　課税標準額に対する消費税額の計算は、原則として税率の異なるごとに課税標準額に各税率を乗じて算出した金額を合計する方法（割戻し計算）により算出した金額となりますが、得意先等に交付した適格請求書及び適格簡易請求書の写し（電磁的記録*02）により提供したものも含みます。）を保存している場合に、その適格請求書等に記載された税率ごとの消費税額等の合計額に$\dfrac{78}{100}$*03）を乗じて計算した金額とすることもできます。なお、この計算方法を「積上げ計算」といいます。

*02）光ディスク、磁気テープ等の記録用の媒体に記録、保存された状態をいいます。

*03）各税率の中に国税部分の占める割合です。

設問13　　　　　　　　　　　　　　　　　　　　　　　　課税標準額に対する消費税額⑵

　次の【資料】より食料品販売業を営む当社の当課税期間の課税標準額に対する消費税額を積上げ計算の方法により計算しなさい。

【資料】

　当社が当課税期間中に得意先に交付した適格請求書の写しは、次のとおりであった。

⑴　標準税率が適用される課税売上高に係る消費税及び地方消費税の合計額

　794,090円

⑵　軽減税率が適用される課税売上高に係る消費税及び地方消費税の合計額

　2,115,555円

解　答

課税標準額に対する消費税額　 2,269,522 　 円

解　説

⑴　課税標準額に対する消費税額

　①　標準税率

　　$794{,}090円 \times \dfrac{78}{100} = 619{,}390円$

　②　軽減税率

　　$2{,}115{,}555円 \times \dfrac{78}{100} = 1{,}650{,}132円$

　③　合計

　　$619{,}390円 + 1{,}650{,}132円 = 2{,}269{,}522円$

Section 5 資産の譲渡等の時期 (3級)

消費税は Chapter 1 で学習した「課税期間」において行われたすべての取引に対し、納付税額を計算していくため、行われた取引がどの課税期間に属する取引なのか正確に把握しなければなりません。すなわち「いつ計上されるべき売上げなのか？」ということです。

ここでは、消費税における売上げの認識の基準について見ていきましょう。

1 資産の譲渡等の時期

消費税法基本通達において、資産の譲渡等がどの課税期間に行われたか*01)について、次のように定められています。

原則　　⇒引渡基準
特例*02)⇒延払基準、工事進行基準、現金基準、収納基準

*01)売上げの計上時期のことを指しており、仕入れの計上時期ではありません。なお、「課税資産の譲渡等」ではないため、土地の売却等の非課税資産の譲渡等も含まれます。

*02)特例については、1級で学習します。

2 資産の譲渡等の時期の原則

資産の譲渡等の時期は、原則として、**引渡しのあった日**（引渡基準、発生主義）となります。

具体的には、資産の種類により以下のようになります。

1．棚卸資産の譲渡等の時期（基通9－1－1、2）

棚卸資産の譲渡を行った日は、その**引渡しのあった日***01)とします。

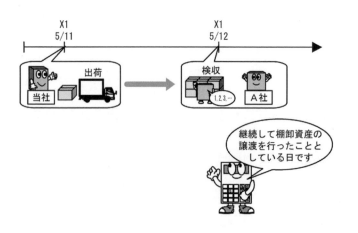

*01)代金を回収した日ではないことに注意して下さい。棚卸資産の引渡しの日がいつであるかについては、出荷した日、相手方が検収した日等、棚卸資産の種類及び性質、その販売に係る契約の内容等に応じてその引渡しの日として合理的であると認められる日のうち、事業者が継続して棚卸資産の譲渡を行ったこととしている日によります。

2．委託販売（基通9−1−3）2級

　委託販売とは、商品等の販売を第三者に委託し、代行して販売してもらう販売形態です。

　商品の販売を受託した者（「受託者」といいます）は、商品を委託した者（「委託者」といいます）に、「売上計算書」などで販売高を報告し、販売した商品に対する手数料を精算します。

　委託販売が行われた場合の資産の譲渡等の時期は以下のとおりです。

原　　則	受託者が委託品を販売した日（販売基準）
特　　例	委託品について売上計算書が売上げのつど作成されている場合に、事業者が継続して売上計算書の到着した日を棚卸資産の譲渡をした日としている場合には、その到着した日（売上計算書到着日基準）＊02)

＊02）受託者が当期に販売しても売上計算書の到着日が翌期であれば、当期の売上げにはなりません。

　会計上、委託者（当社）が受託者の販売手数料控除後の金額（純額）で売上高に計上している場合には、消費税の計算上、売上高に販売手数料を加算し、売上げを総額に戻してから消費税を計上します。

3．請負による資産の譲渡等の時期（基通9−1−5）

　請負による資産の譲渡等の時期は、物の引渡しを要する請負契約にあっては、その目的物の全部を完成して相手方に引き渡した日、物の引渡しを要しない請負契約にあっては、その約した＊03)役務の全部を完了した日とします。

＊03）「約した」とは、「とりきめた」という意味です。

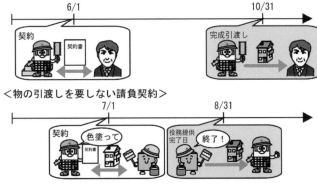

4．固定資産の譲渡の時期（基通9−1−13）

　固定資産の譲渡の時期は、別に定めるものを除き、その引渡しがあった日＊04)とします。

＊04）代金を回収した日ではないことに注意して下さい。

次の【資料】により、当課税期間の課税売上げの金額を求めなさい。

なお、当社は当課税期間まで継続して課税事業者である。

【資料】　　　　　　　　　　　　　　　　　　　　　　　　　　（金額は税込）

(1) 当課税期間に前受金（手付金）として受け取った金額　　　　　　105,000円

　　（商品は翌課税期間に販売している）

(2) 当課税期間における商品売上高（売掛金の回収は当課税期間に行っている）

　　　　　　　　　　　　　　　　　　　　　　　　　　　　　　2,100,000円

(3) 当課税期間における商品売上高（売掛金の回収は翌課税期間である）　3,150,000円

(4) 当課税期間における備品売却額（未収金の回収は翌課税期間である）　525,000円

解　答

課税売上げの金額　　　　　　　| 5,775,000 |　　円

解　説

(1) 棚卸資産は、手付金を受け取った課税期間ではなく、棚卸資産を引き渡した課税期間の課税売上げとなります。

(2)(3) 棚卸資産は、代金を受け取った課税期間ではなく、棚卸資産を引き渡した課税期間の課税売上げとなります。

(4) 固定資産も、棚卸資産と同様に、固定資産を引き渡した課税期間の課税売上げとなります。

課税売上げの金額：2,100,000円＋3,150,000円＋525,000円＝5,775,000円

Chapter 8

仕入税額控除

Chapter 2で学習したように、消費税の納付税額は預かった消費税から支払った消費税を引いて求めます。

ここでは、支払った消費税である、仕入れに係る消費税額の計算について見ていきます。

このテキストでの学習項目の最重要項目であり、本試験での得点源にもなる部分ですので、考え方をしっかりと理解していきましょう。

Section

Section 1 仕入税額控除ってなに？

3 級

Chapter 2では、消費税の仕組みとして、税の累積を避けるために売上げ時に「預かった消費税」から、仕入れ時に「支払った消費税」を控除して納付税額を求める「前段階控除」ということを学習しました。

ここでは、「支払った消費税」である仕入れに係る消費税額の控除について学習していきましょう。

1 簿記の仕入れと消費税法の仕入れ

簿記で学習した「仕入」は、例えば、八百屋さんなら野菜や果物、本屋さんなら本、パン屋さんなら小麦粉や卵などのように、その事業者が他の事業者から購入した販売する商品やその材料を場合を指しています。

しかし、消費税法においては、上記の品物だけではなく、色々な経費やサービス料（役務の提供）の支払、設備を購入した場合も「仕入れ」といい、簿記の仕入とは大きく異なります[01]。

*01）消費税法では、これを「課税仕入れ」といいます。

2 税額控除とは

消費税において、課税標準額に対する消費税額（売上額から計算した消費税額）から差し引く項目（「税額控除」といいます）には次の4つがあります。

(1) **仕入れに係る消費税額の控除**[01]（仕入税額控除）

(2) **売上げに係る対価の返還等をした場合の消費税額の控除**

(3) **貸倒れに係る消費税額の控除**

(4) **特定課税仕入れに係る対価の返還等を受けた場合の消費税額の控除**[02]

*01）消費税法では、「仕入れに係る消費税額の控除」と記載されています。

*02）特定課税仕入れに係る対価の返還等を受けた場合の消費税額の控除は1級で学習します。そのため、表示の順番も変更しています。
1級では正しい順番で見ていきます。

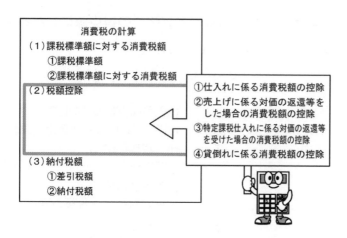

```
          消費税の計算
（1）課税標準額に対する消費税額
    ①課税標準額
    ②課税標準額に対する消費税額
（2）税額控除                      ①仕入れに係る消費税額の控除
                                   ②売上げに係る対価の返還等を
                                     した場合の消費税額の控除
                                   ③特定課税仕入れに係る対価の返還等
                                     を受けた場合の消費税額の控除
                                   ④貸倒れに係る消費税額の控除
（3）納付税額
    ①差引税額
    ②納付税額
```

3 税額控除をすることができる事業者

仕入税額控除ができるのは、課税事業者に限られています。なぜなら免税事業者は納税義務がないので、消費税を払わないのに税額控除をすることができてしまうと不公平になるためです。

4 仕入税額控除の方法

仕入税額控除には**原則的な方法**と**簡易課税制度**[*01]があります。まず、原則的な方法を学習します。

*01)基準期間における課税売上高が一定金額以下の事業者が選択できる制度です。
詳しくはChapter12で学習します。

5 なぜ仕入税額控除をするの？

消費税法の規定により[*01]、消費税の課税の対象は、事業者が行ったすべての「資産の譲渡及び貸付け並びに役務の提供」とされているため、一つの資産が最終的に消費者に届くまでに何度もの取引を経ると、**取引の都度、その売上げに対して消費税が課されることになります**[*02]。

このような場合に、仕入税額控除を認めないと、事業者は各取引段階で累積した消費税を売上げの際に価格に上乗せすることになり、消費者までの取引回数が増えるほど税金部分が大きくなるとともに、価格が上昇してしまうことになります[*03]。

そこで、事業者が**仕入れの際に負担した消費税額**を、**売上げに係る消費税額から控除**することで、**税の累積を排除**（前段階までの税を排除）する**前段階控除の手続**として、仕入税額控除の規定が認められています。

*01)第4条「国内において事業者が行った資産の譲渡等には、消費税を課する。」

*02)例えば本であれば、出版社、卸問屋、書店の各事業者が売上げを計上した各時点で消費税が課されることとなります。

*03)前の事業者の売上げに係る消費税部分に対して更に消費税が課されることになり、税負担が大きくなってしまいます。

	本体価格	消費税額	
<出版社> 売上げ	60,000円	4,680円	
<書 店> 仕入れ	60,000円	4,680円 780円	一致
売上げ	70,000円	5,460円	
<消費者> 購 入	70,000円	5,460円	

	出版社	書店	消費者
預かった税金（売上げ分の消費税）	4,680円	5,460円	―
支払った税金（仕入れ分の消費税）	―	4,680円	5,460円
納付税額	4,680円	＋780円	＝5,460円

消費税の計算を行ううえで、仕入税額控除の対象となる取引を「課税仕入れ等」と
いいます。ここでは、どのような取引が課税仕入れ等に該当するのか詳しく見てい
きます。なお、例外的なものを除き、課税仕入れ等とは、単に皆さんが日常におい
て買い物をするときに、消費税を支払っている取引が該当するのだということを頭
に置きながら確認していきましょう。

1 課税仕入れとは

課税仕入れは、仕入れの取引が「もし事業者として取引したら消費税が
課税されるかどうか？」という点から見て判断します。

例えば、会社で勉強会を行うときに外部から講師を呼んで講師料を支
払ったとします。消費税法では、Section 1 で学習したとおり役務の提供（講
師料）も仕入れとなります。これを講師側から考えたらどうでしょう？

この講師が、セミナーを行う会社から派遣された場合、講師料はセミナー
会社に支払います。セミナー会社から考えたら当然課税売上げ*01)になりま
す。

つぎに、この講師が講演をすることを職業（事業）としていない個人だっ
たらどうでしょう？この講師自身は、職業としていないので課税の対象外
となります。では、この仕入れは消費税が課税されない仕入れとなるので
しょうか？そこで、最初の「もし事業者として取引したら消費税が課税さ
れるかどうか？」という点を考える必要があります。もし、この個人が職
業で（事業として）講演をする人であれば課税売上げとなる場合、消費税
法では「課税仕入れ」と規定しているのです。

あくまでも課税仕入れは「事業者が事業として取引したら消費税が課税
される取引となる」ことが重要で、相手が消費税を支払っていない免税事
業者でも、消費者である個人でも課税仕入れとなり、仕入税額控除の対象
となるのです。

*01) 課税売上げは
① 国内において
② 事業者が事業として
③ 対価を得て行う
④ 資産の譲渡もしくは貸
付け又は役務の提供
に該当する取引で、非課
税取引を除いたものです。

消費税法〈課税仕入れ〉

第2条①十二 事業者が、事業として他の者から資産を譲り受け、若しくは
借り受け、又は役務の提供（給与等を対価とする役務の提供を
除く。）を受けること（他の者が事業として資産を譲り渡し、若
しくは貸し付け、又はその役務の提供をしたとした場合に課税
資産の譲渡等に該当することとなるもので、輸出免税取引等に
より消費税が免除されるものを除く。）をいう。

2 課税仕入れの具体的な要件と流れ

課税仕入れの具体的な要件は、以下の要件を満たす取引をいいます。

(1) 事業として他の者から資産の譲渡等を受けること[*01]

(2) 給与等を対価とする役務の提供でないこと

(3) 取引の相手方（売り手側）が、事業として資産を譲り渡し、若しくは貸し付け、又はその役務の提供をしたとした場合に課税資産の譲渡等に該当することとなるもの[*02]

(4) 輸出免税取引等により消費税が免除されるものでないこと

〈課税仕入れの判断の流れ〉

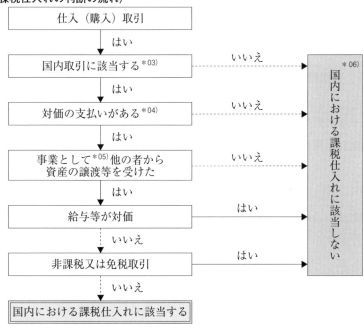

*01)「対価の支払いがあること」が要件となります。

*02)事業者としての相手方の立場から考えて、その取引が課税取引であるか否かで判断をします。
また、あくまでも相手方が事業として資産の譲渡等をした場合を仮定しているだけで、(1)〜(4)の要件を満たせば、仕入先が免税事業者や一般消費者（個人）であっても課税仕入れとなります。

*03)国外取引は消費税法の課税の対象にならず、税額控除できる課税仕入れにも該当しません。

*04)無償取引も基本的に消費税法の課税の対象にならず、課税仕入れにも該当しません。

*05)個人事業者が家事のために購入したものは、課税仕入れに該当しません。

*06)課税仕入れのうち国内において行ったものが仕入税額控除対象となります。

3 課税仕入れの注意点

　課税仕入れには、商品等の仕入れの他、事務用品や固定資産の購入、サービス料の支払い等、**事業遂行上必要なすべての取引が含まれます。**

　このうち、取引が課税仕入れに該当する（○）か否か（×）を判断する上で、注意すべき取引として次のものがあります。

勘　定　科　目			可否	備　　　考
仕入	①	**商品仕入高**	○	**土地、有価証券等は非課税仕入れ**
人件費	①	**給料、賃金、役員報酬、賞与**	×	
	②	退職金、年金	×	
	各種手当	通勤手当（①に関するもの）	○	通常必要と認められる部分のみ
		その他の手当	×	単身赴任など
	③	渡切交際費	×	機密費や使途不明金をいう
旅費交通費	①	**国内出張に関する旅費（出張に関する日当を含む）**	○	**通常、必要であると認められる部分のみ**
	②	海外出張に関する旅費	×	
福利厚生	①	法定福利費（社会保険料など）	×	
	②	福利厚生費	○	
荷造運搬費			○	
交際接待費	①	通常の商品（②、③以外のもの）	○	
	②	慶弔金	×	お祝金やお香典等で現金によるもの
	③	商品券、ビール券	×	
入会金	脱退時の扱い	① 返還されない	○	ゴルフクラブ等のレジャー施設の入会金
		② 返還される	×	
寄附金	①	金銭による寄附等	×	
	②	贈与目的の資産の取得	○	
保険料			×	
諸会費	同業者団体等の会費	通常会費	×	
		資産の譲渡等の対価に該当	○	
賃借料			○	地代を除く
その他の科目	水道光熱費、事務用品費、消耗品費、修繕費、新聞図書費、販売手数料など		○	
	減価償却費、各種引当金繰入		×	**減価償却費、各種引当金は資産の譲渡等ではないため、該当しない**

4 課税貨物とは

　課税貨物とは保税地域から引き取られる外国貨物のうちChapter 4で学習した非課税貨物に該当しないものをいいます。したがって、**無償の引取りでも課税貨物の引取りに該当します。**

　なお、課税仕入れと課税貨物の引取りを合わせて「**課税仕入れ等**」といいます。

> **消費税法〈課税貨物〉**
> 第2条①十一　保税地域から引き取られる外国貨物のうち、非課税の規定により消費税を課さないこととされるもの以外のものをいう。

5 課税仕入れ等の時期（法30①一～三）

　仕入税額控除は、次の日の属する課税期間に行います。

〈**国内における課税仕入れ**〉

　　資産の譲受け：**資産を譲り受けた（購入した）日**

　　資産の借受け：**資産を借り受けた日**

　　役 務 の 提 供：**役務の提供を受けた日**

〈**保税地域から引き取る課税貨物**[01]〉

　　一般申告の場合：課税貨物を引き取った日

　　特例申告の場合：特例申告書を提出した日

*01）輸入取引の申告に関する
　　内容は1級で詳しく学習
　　します。

次の【資料】から、課税仕入れの金額を計算しなさい。

【資料】

1．商品（課税商品）の仕入高（すべて国内仕入れ）　　96,452,000円

　　　なお、当課税期間の商品仕入高の中には免税事業者からの仕入高21,400,000円と、一般消費者からの仕入高422,000円が含まれている。

2．販売費及び一般管理費

　(1)　人件費　　38,420,000円

　　　なお、上記金額には以下のものが含まれている。

　　　　　通勤手当（通常、必要と認められるもの）　　6,770,000円

　(2)　貸倒引当金繰入額　　890,000円

　(3)　減価償却費　　19,450,000円

　(4)　旅費交通費　　2,410,000円

　　　なお、内訳は以下のとおりである。

　　　　国内出張に関する旅費　　1,024,000円

　　　　海外出張に関する旅費　　1,386,000円

　(5)　交際費　　1,844,000円

　　　なお、内訳は以下のとおりである。

　　　　取引先の新工場完成式典にあたっての花輪代　　144,000円

　　　　渡切交際費　　1,000,000円

　　　　レジャークラブの入会金（脱退時に返還される）　　700,000円

　(6)　支払保険料　　940,000円

　(7)　通信費　　620,000円

　　　なお、内訳は以下のとおりである。

　　　　国内電話料金　　416,000円

　　　　国際電話料金　　204,000円

　(8)　租税公課　　1,150,000円

　(9)　雑費　　315,000円

　　　なお、上記金額には以下のものが含まれているが、これ以外のものは国内における課税仕入れに該当する

　　　　同業者団体の年会費　　200,000円

　　　　お茶菓子代　　4,000円

3．その他の取引

　　　当課税期間において以下の資産を取得している。

　　　　倉庫用建物　　150,000,000円

　　　　新店舗建設用土地　　180,000,000円

　　　　国債　　4,000,000円

解　答

課税仕入れの金額 ┃ 254,921,000 ┃ 円

解　説

1．相手方が免税事業者や一般消費者（個人）であっても、要件を満たせば課税仕入れとなります。したがって、商品（課税商品）の仕入高は、全額が課税仕入れとなります。

2．(1)　給料等の人件費は基本的に課税仕入れとはなりません。ただし、通常、必要であると認められる通勤手当に関しては、課税仕入れとなります。

(2)(3)　貸倒引当金繰入額や減価償却費は資産の譲渡等にはあたらないため、課税仕入れとはなりません。

(4)(7)　旅費交通費や通信費のうち、海外出張に関する旅費や国際電話料金は課税仕入れとはなりません。

(5)　渡切交際費は課税仕入れとはなりません。また、レジャークラブの入会金で脱退時に返還されるものは、単にお金を預けただけなので、課税仕入れにはなりません。

(6)　保険料は非課税仕入れであるため、課税仕入れとはなりません。

(8)　租税公課は対価性がない不課税仕入れであるため、課税仕入れとはなりません。

(9)　同業者団体等の会費のうち、資産の譲渡等の対価に該当しないものに関しては課税仕入れとはなりません。

3．建物の購入費は課税仕入れとなりますが、土地や国債等の有価証券の購入費は非課税仕入れであるため、課税仕入れとはなりません。

以上により、課税仕入れの金額は次のように計算されます。

$$\underset{\text{商品仕入高}}{96,452,000\text{円}} + \underset{\text{通勤手当}}{6,770,000\text{円}} + \underset{\text{国内出張旅費}}{1,024,000\text{円}} + \underset{\text{花輪代}}{144,000\text{円}} + \underset{\text{国内電話料金}}{416,000\text{円}}$$

$$+ \left(\underset{\text{雑費総額}}{315,000\text{円}} - \underset{\text{年会費}}{200,000\text{円}}\right) + \underset{\text{倉庫用建物}}{150,000,000\text{円}} = 254,921,000\text{円}$$

3 仕入税額控除①〜控除対象仕入税額の計算（原則）

3級 2級

Section 2では、どのような取引が控除の対象となるか学習しました。この Section では具体的に控除税額の求め方を学習していきます。

ここから少し複雑な計算が入りますので、算式の意味を理解しながら押さえていきましょう。

1 原則的な計算方法〜全額控除〜（法30①）

3級

1. 原則法（積上げ計算）

課税仕入れに係る消費税額のうち、課税標準額に対する消費税額から実際に控除できる税額（控除対象仕入税額）は、以下の算式で計算します。

$$控除対象仕入税額 = 適格請求書等に記載した消費税額等の合計額^{*01} \times \frac{78}{100} + 課税期間中に引き取った課税貨物に係る消費税額^{*02}$$

課税標準額に対する消費税額の計算における積上げ計算と同様に、適格請求書等に記載された消費税額を基に課税仕入れに係る消費税額を計算します。

*01) 課税仕入れの都度、課税仕入れに係る消費税額を帳簿に記載している場合には、その帳簿に記載した消費税額等の合計額

2. 特例（割戻し計算）

課税標準額に対する消費税額の計算を割戻し計算によって計算している事業者は、以下の算式で計算することができます。

*02) 輸入取引に係る課税貨物に係る消費税額は、2級の範囲となります。金額は通常、問題文の資料として与えられます。

$$控除対象仕入税額 = 課税仕入れの総額（税込） \times \frac{7.8}{110}\left(又は\frac{6.24}{108}\right) + 課税期間中に引き取った課税貨物に係る消費税額$$

3. 計算方法の組み合わせ*03)

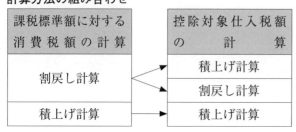

課税標準額に対する消費税額の計算	控除対象仕入税額の計算
割戻し計算	積上げ計算
	割戻し計算
積上げ計算	積上げ計算

*03) この教科書では特に指示が無い限り、課税標準額に対する消費税額は割戻し計算、控除対象仕入税額の計算も割戻し計算の方法で計算します。

課税標準額に対する消費税額を積上げ計算、控除対象仕入税額の計算を割戻し計算の方法で行うことはできません。

次の【資料】により、食料品販売業を営む当社の当課税期間の控除対象仕入税額の計算を(1)積上げ計算、(2)割戻し計算それぞれの方法により求めなさい。なお、当社は税込経理方式を採用し、課税仕入れ等の税額は全額控除できるものとする。

【資料】
(1) 当社が受領した適格請求書の記載事項
① 標準税率適用課税仕入れの合計額　25,000,000円
② ①に係る消費税額及び地方消費税額の合計額　2,272,720円
③ 軽減税率適用課税仕入れの合計額　24,000,000円
④ ③に係る消費税額及び地方消費税額の合計額　1,777,770円
(2) 当課税期間中に保税地域から引き取った課税貨物について国に納付した消費税額等
1,245,500円（消費税額　971,600円、地方消費税額　273,900円）

解 答

(1) 積上げ計算の方法による控除対象仕入税額　　4,130,982　円
(2) 割戻し計算の方法による控除対象仕入税額　　4,130,993　円

解 説 （単位：円）

(1) 積上げ計算
1. 控除対象仕入税額
(1) 課税仕入れに係る消費税額

$$(2,272,720 + 1,777,770) \times \frac{78}{100} = 3,159,382$$

(2) 課税貨物に係る消費税額
971,600

(3) 合計
(1)+(2) = 4,130,982

(2) 割戻し計算
1. 控除対象仕入税額
(1) 課税仕入れに係る消費税額
① 標準税率適用分

$$25,000,000 \times \frac{7.8}{110} = 1,772,727$$

② 軽減税率適用分

$$24,000,000 \times \frac{6.24}{108} = 1,386,666$$

③　合計

　　　① + ② = 3,159,393

(2)　課税貨物に係る消費税額

　　971,600

(3)　合計

　　(1) + (2) = 4,130,993

2 | 控除対象仕入税額の計算パターン　(2 級)

　実際に仕入税額控除を計算する場合、２つのチェックポイントがあり、それによっては仕入税額控除を、課税標準額に対する消費税額から全額控除できない場合があります。

　チェックポイント
① 課税売上割合が何％か？
② 課税期間における課税売上高はいくらか？

　全額控除できる場合は、以下ののどちらにも該当する場合だけとなります。
① 課税売上割合が95％以上
② 課税期間における課税売上高が５億円以下
　この２つの要件に該当しなければ全額控除できません。
　全体像をフローチャートにすると次のようになります。

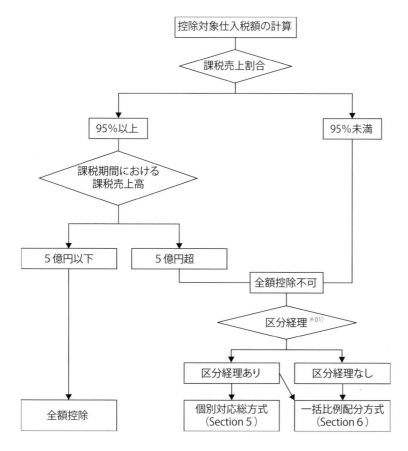

*01）国内にある課税仕入れにつき、課税資産の譲渡等にのみ要するもの、その他の資産の譲渡等にのみ要するもの、共通して要するものに区分することをいいます。

　まずは、判断の基準となる課税売上割合の考え方をSection 4で見ていきましょう。

仕入税額控除②～控除対象仕入税額の判定 　2級

課税売上割合とは、すべての売上げに占める課税売上げの割合であり、控除対象仕入税額の計算では、区分経理を使った控除を行うか否かの判定を行う際や、課税仕入れの按分計算を行う際などに必要となる重要な割合です。
ここでは課税売上割合の具体的な求め方を見ていきましょう。

1 控除対象仕入れ税額の判定

　2級、3級の試験では、計算式が与えられており、計算をする上での判定は1級の範囲です。しかし、判定の考え方を学ぶことでより理解が深まることから、ここで学習します。

2 課税売上割合の意義

　課税売上割合とは、その課税期間中の国内における全売上高（課税売上げ（税抜）と免税売上げと非課税売上げ*01)の合計額）に占める課税売上高（課税売上げ（税抜）と免税売上げの合計額）の割合をいいます。

*01) 非課税売上げが計算で登場するのは、この課税売上割合の部分だけです。

$$課税売上割合^{*02)} = \frac{課税資産の譲渡等の対価の額の合計額}{資産の譲渡等の対価の額の合計額}$$

$$= \frac{課税売上高（税抜）}{課税売上高（税抜）+非課税売上高}$$

$$= \frac{課税売上げ（税抜）+免税売上げ}{\underbrace{課税売上げ（税抜）+免税売上げ}_{課税売上高}+\underbrace{非課税売上げ}_{非課税売上高}}$$

*02) 課税売上割合は、原則として端数処理は行わず、割り切れない場合には端数を維持して計算します。ただし、事業者が任意の位で切り捨てている場合には、それも認められます。
問題文に特段の指示がなければ端数を維持したまま、切り捨てる指示があれば、指示どおりに切り捨てて下さい（基通11-5-6)。

消費税法〈仕入れに係る消費税額の控除〉
第30条⑥　（途中略）課税売上割合とは、その事業者がその課税期間中に国内において行った資産の譲渡等（特定資産の譲渡等に該当するものを除く。）の対価の額の合計額のうちにその事業者がその課税期間中に国内において行った課税資産の譲渡等（特定資産の譲渡等に該当するものを除く。）の対価の額の合計額の占める割合として政令で定めるところにより計算した割合をいう。

3 課税売上割合の考え方

1. 前段階控除

　消費税の仕組みは「預かった消費税（課税標準額に対する消費税額）」から「支払った消費税（仕入税額控除）」を差し引いて計算します。これは「前段階控除」といい、この前段階控除の考え方は、**取引の各過程で生じる売上げが課税売上げに該当することが前提**となります。

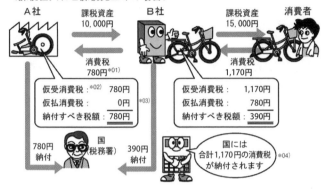

＜課税仕入れと課税売上げの場合＞

＊01）ここでは国税（7.8％）分の消費税のみを取り扱います。

＊02）本来、消費税法は申告書の計算で税込経理方式を前提としていますが、ここではわかりやすさを重視して税抜経理方式で解説しています。

＊03）計算を単純化するために、A社の課税仕入れは無いものとしました。

＊04）A社とB社の納付額を合計すると、結果として消費者が負担した消費税額（国税分）1,170円が国に納付されることとなります。

＊05）非課税資産の譲渡なので、消費税は0円となります。

＊06）A社の納付した780円がB社に還付されるため、結果として国には消費税が一切納付されないことになってしまいます。

＊07）これで、A社の課税売上げ10,000円に係る消費税額（国税分）780円が適切に納付されることとなります。

2. 消費税を預からない取引の場合

　例えば、タイヤ等の材料を仕入れ、それらを組み立てて車いすを販売する事業者の場合のように、**仕入れる際には消費税を払っている（課税仕入れ）**にもかかわらず、**売上げが非課税売上げとなり消費税を預かれない**ということも考えられます。

　この場合、売上げの際に消費税を預からないのに、仕入税額控除を認めてしまうと、**本来国に対し納付されるべき消費税が納付されない**こととなってしまいます。

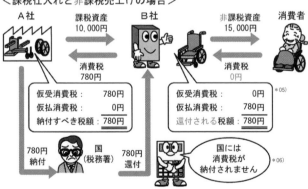

＜課税仕入れと非課税売上げの場合＞

　上記のような例の場合、B社がA社に支払った消費税額780円を控除の対象としているために、適切な消費税の納付がなされていないと考えられます。このとき、B社がA社に支払った消費税を控除できないようにすれば、A社のB社に対する課税売上げ10,000円に係る消費税額780円が、適切に納付されることとなります＊07）。

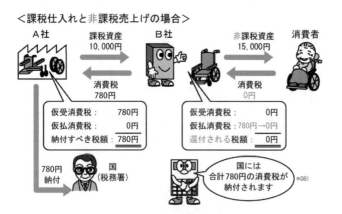

＜課税仕入れと非課税売上げの場合＞

*08）B社が最終的な消費者と
　されるような取扱いとな
　ります（結果的には事業
　者は消費税の負担者であ
　る消費者から預かる仕組
　とされています）。

　このように、売上げの中に非課税売上げが含まれているときには、すべての課税仕入れ等に係る消費税額を控除の対象としてしまうことは妥当ではありません。

　そこで仕入税額控除を行う際に、課税仕入れ等を「**課税売上げのための課税仕入れ等**」と「**非課税売上げのための課税仕入れ等**」に区分する必要があります。

　このように、取引を2者に区分する考え方を「**区分経理**」といいます。

3．区分経理と課税売上割合

　区分経理を行う場合、仕入税額控除の対象かどうかを判断する基準として、**対応する売上げが「課税売上げ」なのか「非課税売上げ」なのかということ**に着目しました。しかし、課税仕入れ等に該当する取引は、会計上の「仕入」に該当する取引だけではなく、経費や資産の購入も消費税法では「仕入れ」に該当します。

　例えば、課税売上げに該当する商品と非課税売上げに該当する商品のどちらも作っている工場の場合、その電気代はどちらと考えればいいでしょうか？このように、**すべての取引を2つに区分するということには無理**があります。

　そこで、区分経理を行う場合は上記2つの他、「**区分できない共通の課税仕入れ等**」を加えた**3つに区分する必要がある**のです*09)。

*09）区分経理について詳しく
　はSection5で学習します。

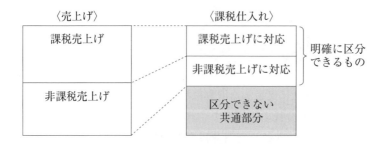

この共通の課税仕入れ等は、取引の内容では区分できないため、**課税売上割合**によってとりあえず按分し、最終的に課税売上げに対応する部分と非課税売上げに対応する部分の２つに分類していきます。

$$課税売上割合 = \frac{Ⓑ}{Ⓐ}$$

4 課税売上高と非課税売上高

1．課税売上高

課税売上割合を求める計算式のうち、分子の課税資産の譲渡等の対価の額の合計額（本書では「**課税売上高**」と呼びます）は、**課税売上げ（税抜）と免税売上げ**[01]**の合計額**として計算されます。なお、**課税売上げの金額は課税売上げに係る返還等の金額（税抜）を控除した金額**（純売上高に相当）となります。

計算パターンを示すと、次のようになります。

> イ　国内売上高
> ① 総売上高　　××××円（課税標準で計算した1,000円未満切
> 捨前の金額）
> ② 売上げに係る対価の返還等の金額[02]
> 国内課税売上げに係る返還等の金額（税込）$\times \dfrac{100}{110}$
> ③ 国内売上高　　①－②
> ロ　輸出売上高
> ハ　合　　計　　イ＋ロ

2．非課税売上高

課税売上割合を求める計算式のうち、分母に含める非課税売上高[03]も、基本的な計算の流れは課税売上高と同様に、**非課税売上げの金額から非課税売上げに係る返還等の金額を控除して計算**します。

計算パターンを示すと以下のようになります。

> ① 有価証券等（株式・公社債等）の譲渡対価又は貸付金等の
> 金銭債権の譲渡の対価×５％＋その他の非課税売上高
> ② 非課税売上げに係る返還等の金額
> ③ 非課税売上高＝①－②

*01）「課税売上高」といいますが、免税売上げも含まれる点に注意しましょう。

*02）売上げに係る返還等とは、売上げに係る返品や値引き・割戻し等を指します。詳しくはChapter10で学習します。なお、売上げに係る対価の返還等が、旧法適用期間の売上げに対するものである場合の計算はChapter10で学習します。

*03）非課税売上げの例については、Chapter4を参照して下さい。

ただし、課税売上高と異なる点が2点あります。

1点目は、そもそも非課税売上げに係る譲渡対価には消費税等（地方消費税分も含む）に相当する金額が含まれていないため、**課税売上高のように税抜きの金額を計算する必要がありません。**

2点目は、**非課税売上げのうち株式や公社債等の有価証券等又は、貸付金、預金、売掛金その他の金銭債権（資産の譲渡等の対価として取得したものを除く。）の譲渡対価については、5％を乗じたものを非課税売上高とします。**これは、有価証券等の譲渡対価が譲渡益に対して多額となることが多く、これによって課税売上割合が著しく低くなることが考えられるなどのため、これを防ぐために採られた措置です。

5 その年や事業年度の課税売上高での判定

1．課税売上高の判定

仕入税額控除が全額控除できるか否かの判定で課税売上割合の他に、もう一つ判断の基準があります。それは、**判定をする年や事業年度の課税売上高が5億円以下かどうか**です。

仮に、売上高全てを課税取引とした場合、5億円は1ヶ月で大体4,200万円位、1ヶ月のうち20日ほど営業するとした場合は、1日200万円くらいを売り上げる計算になります。

これまで学習したとおり、区分経理はある程度の知識が無いと区分できませんし、経理が煩雑となります。

一定規模（その課税期間における課税売上高が5億円）の事業者は区分経理をするようになりますが、区分経理が難しい個人事業者や小規模の会社は一定の場合は、煩雑な経理をさせないように考慮することとしています。

2．課税売上割合が95％以上で課税売上高が5億円以下事業者の場合

その課税期間（原則としてその年又はその事業年度）の課税売上高が5億円以下の事業者で課税売上割合が高い場合には、納付税額における影響額が少ないことから、便宜的に**課税売上割合が95％以上でその課税売上高が5億円以下の場合**には「**全額控除**」が認められています。

3．課税売上高が5億円を超える事業者の場合

その課税期間における課税売上高[*01]が5億円を超える事業者については、たとえ95％以上であっても全額控除が適用できません。

したがって、課税売上高が95％未満の場合と同様に区分経理を基礎とした計算を行うこととなります[*02] [*03]。

*01）当課税期間の課税売上げで判定します。

*02）詳しくはSection 5 ～ 6 で学習します。

*03）なお、その課税期間における課税売上高が5億円を超えるか否かの判定は、その課税期間が1年に満たない場合には1年に換算した金額で行います。

次の【資料】から、割戻し計算の方法により控除対象仕入税額を計算しなさい。なお、当社は税込経理方式を採用している。ただし、当社の当課税期間の課税売上割合は97％、当課税期間における課税売上高（税抜）は380,000,000円である。

【資料】

 1．商品（課税商品）の仕入高　　　　　　　　　　195,200,000円

  なお、内訳は以下のとおりである。

   国内仕入高　　　　　　　　　　　　　　152,000,000円

   輸入仕入高　　　　　　　　　　　　　　43,200,000円

    ただし、輸入仕入高43,200,000円には、保税地域からの引取りの際に税関に支払った消費税額3,093,900円及び地方消費税額872,600円が含まれている。

 2．販売費及び一般管理費（すべて課税仕入れ）　　86,250,000円

解　答

控除対象仕入税額　　　　　| 19,987,990 |　　円

解　説

課税売上割合が95％以上で、かつ、当課税期間の課税売上高が5億円以下である場合には、課税仕入れに係る消費税額の全額が控除対象仕入税額となります。

なお、ここでは国税部分のみを取り扱うため、課税貨物に係る消費税額のうち地方消費税額は計算に含みません。

また、計算の過程で端数が生じる場合には切り捨てます。

(1)　課税売上割合

 97％ ≧ 95％

 380,000,000円 ≦ 500,000,000円　　　　　∴按分計算は不要

(2)　国内取引

$$(152,000,000円 + 86,250,000円) \times \frac{7.8}{110} = 16,894,090円$$

(3)　輸入取引

 3,093,900円

(4)　控除対象仕入税額

 (2)+(3) = 19,987,990円

仕入税額控除③～個別対応方式 　2級

消費税の基本的な考え方である前段階控除（前段階で課税された消費税を排除）により、正しい金額の消費税が国に納付されるにはSection 4で学習したように、取引を「課税売上げに対応する課税仕入れ」と「非課税売上げに対応する課税仕入れ」の2つに区分する必要があります。この分類のやり方として、取引を一つ一つ内容により区分していく「個別対応方式」と内容にはこだわらずに按分のみで分けてしまう「一括比例配分方式」があります。ここでは個別対応方式を確認しましょう。

1 個別対応方式とは（法30②一）

　個別対応方式とは、全額控除が適用できない場合*01)に、**課税仕入れ等**について3つに区分し、それぞれの区分に応じた控除税額を計算する方法です。

　この方法を適用するためには、課税仕入れ等の区分を明らかにする**区分経理**が行われている必要があります。

*01) 課税売上割合が95%未満の場合や課税売上割合が95%以上で、かつ、その課税期間における課税売上高が5億円を超える場合には全額控除が適用できません。

2 区分経理

1. 3つの区分

　個別対応方式における区分経理では、課税仕入れ等を次の3つに区分します*01)*02)。

・課税資産の譲渡等にのみ要するもの
・その他の資産の譲渡等（非課税資産の譲渡等*03)）にのみ要するもの
・課税資産の譲渡等とその他の資産の譲渡等に共通して要するもの

*01) これ以外の区分は認められません。

*02) これ以降の本書における計算式や図等では、以下のように略すことがあります。
　・課税資産の譲渡等にのみ要するもの→課
　・その他の資産の譲渡等にのみ要するもの→非
　・課税資産の譲渡等とその他の資産の譲渡等に共通して要するもの→共

2.「課税資産の譲渡等にのみ要するもの」とは？（基通11-2-12）

　課税資産の譲渡等にのみ要するものには、例えば次のものがあります。

・販売用（課税）商品の仕入れ（そのまま他に譲渡される課税資産）
・課税資産の製造用にのみ消費、使用される材料や工具の購入金額
・課税資産のみに係る倉庫料、運送料、広告宣伝費等

*03) 非課税売上げとなる資産の譲渡等を「その他の資産の譲渡等」といいます。

　これら仕入れについては、課税資産の譲渡等（すなわち課税売上げ）に直接対応するものなので、支払った消費税は**その全額が控除の対象**となります。

　なお、仕入商品を購入する際に必要となる荷造運送費は仕入商品の取得価額に含まれるので、**販売される商品に係る売上げが課税売上げ**であるかどうかで区分します。

3. その他の資産の譲渡等にのみ要するもの

その他の資産の譲渡等にのみ要するものには、例えば次のものがあります。

> ・土地や有価証券の売却の際に支払う売買手数料
> ・販売用土地の造成に係る課税仕入れ

これらに係る消費税は、すべて非課税売上げとなる資産の譲渡等である**その他の資産の譲渡等**のためにのみ支払った消費税です。そのため、課税売上割合にかかわらず、**仕入税額控除の対象とすべきではありません**。したがって、その他の資産の譲渡等にのみ要する課税仕入れ等につき支払った消費税は、**その全額が控除の対象から除かれます**[*04]。

*04）Section 4 の消費税を預からない取引を参照してください。

4. 課税資産の譲渡等とその他の資産の譲渡等に共通して要するもの[*05]

課税資産の譲渡等とその他の資産の譲渡等に共通して要するものには、例えば次のものがあります。

*05）このテキストでは、「共通して要するもの」といっていきます。

> ・会社全体に関係する通勤手当や水道光熱費等の販売費及び一般管理費

＜通勤手当や水道光熱費等の販売費及び一般管理費＞

共通して
要します

水道光熱費を例にとると、課税資産の譲渡等（課税売上げ）のためにも必要であり、その他の資産の譲渡等（非課税売上げ）にも必要なものでもあるため、どちらか一方にのみ要したものとは言い切れません。

そのため、このような取引のために支払った消費税については、**課税売上割合を乗じた金額部分を、課税資産の譲渡等（課税売上げ）に対応する部分と考えて、控除の対象**とします。

3 計算方法

1. 各区分の課税仕入れ等の税額[*01]の計算

個別対応方式では、まず、3つの区分それぞれの課税仕入れ等の税額を以下の計算式[*02]で計算します。

*01）課税仕入れに係る消費税額と課税貨物の引取りに係る消費税額を合わせて「課税仕入れ等の税額」といいます。

> 各区分における
> 課税仕入れ等の税額 ＝ 各区分における消費税額 ＋ 各区分における課税期間中に引き取った課税貨物に係る消費税額

2. 控除対象仕入税額の計算

1．で計算した各区分の課税仕入れ等の税額について、それぞれの区分に応じて控除可能な仕入税額を合計して、控除対象仕入税額を計算します。

*02）計算式の考え方そのものは、Section 4 の基本的な考え方と同じです。

> 控除対象仕入税額＝㊢区分の税額＋㊧区分の税額×課税売上割合

これを図で示すと、次のように表すことができ、図中の　　　で示した部分が控除対象仕入税額となります。

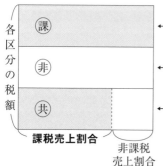

各区分の税額

㊢　← 課税売上げにのみ対応する部分なので、**全額控除できる**

㊪　← 非課税売上げにのみ対応する部分なので、**全額控除の対象にならない**

㊧　← 共通して対応する部分なので、**課税売上割合を乗じて課税売上げに対応する範囲を控除できる**

課税売上割合　　　非課税売上割合

次の【資料】から、個別対応方式による控除対象仕入税額を割戻し計算の方法により計算しなさい。
なお、当社は税込経理方式を採用している。また、当社の当課税期間の課税売上割合は73％とする。
【資料】
　　1．商品（課税商品）の仕入高　　　　　　　100,154,000円
　　　　なお、内訳は以下のとおりである。
　　　　　国内仕入高　　　　　　　　　　　　73,500,000円
　　　　　輸入仕入高　　　　　　　　　　　　26,654,000円
　　　　　　なお、輸入仕入高26,654,000円には、保税地域からの引取りの際に税関に支払った消
　　　　費税額1,890,000円及び地方消費税額553,000円が含まれている。

　　2．販売費及び一般管理費のうち、課税仕入高
　　　　　商品（課税商品）の荷造運搬費　　　　890,000円
　　　　　水道光熱費　　　　　　　　　　　　1,760,000円
　　　　　通信費　　　　　　　　　　　　　　920,010円
　　　　なお、水道光熱費と通信費は、課税資産の譲渡等とその他の資産の譲渡等に共通して要す
　　　るものとする。
　　3．営業外費用のうち、課税仕入高
　　　　　上場株式売却手数料　　　　　　　　52,500円
　　　　　当社の株式の発行に要した手数料　　210,000円
　　4．当課税期間に本社の備品5,120,000円を購入した。

解答

控除対象仕入税額	7,579,553	円

解説

　この設例では、課税売上割合が73％であるため、控除対象仕入税額の計算にあたって按分計算
が必要となります。
　個別対応方式の場合は、課税資産の譲渡等にのみ要するものに係る消費税額は全額控除可能で
すが、反対にその他の資産の譲渡等にのみ要するものに係る消費税額は控除の対象にはなりませ
ん。実際に課税売上割合を使って按分するのは、共通して要するものに係る消費税額だけです。
(1) 課税売上割合
　　73％ ＜ 95％　　∴按分計算が必要
(2) 課税仕入れ等の税額
　　① 課税資産の譲渡等にのみ要するもの
　　　イ 国内取引
　　　　73,500,000円 ＋ 890,000円 ＝ 74,390,000円
　　　　$74,390,000円 \times \dfrac{7.8}{110} = 5,274,927円$

Chapter 1　Chapter 2　Chapter 3　Chapter 4　Chapter 5　Chapter 6　Chapter 7　Chapter 8　Chapter 9　Chapter 10　Chapter 11　Chapter 12　Chapter 13　Chapter 14　巻末付録

ロ　輸入取引

1,890,000円

ハ　合計

5,274,927円 + 1,890,000円 = 7,164,927円

② その他の資産の譲渡等にのみ要するもの

$52,500円^{*01)} \times \dfrac{7.8}{110} = 3,722円$

③ 共通して要するもの

1,760,000円 + 920,010円 + 210,000円$^{*01)}$ + 5,120,000円 = 8,010,010円

$8,010,010円 \times \dfrac{7.8}{110} = 567,982円$

(3) 控除対象仕入税額

7,164,927円 + 567,982円 × 73% = 7,579,553円

*01)株式売却手数料は株式の売却が非課税資産の譲渡等（非課税売上げ）に該当する
ため、その他の資産の譲渡等にのみ要するものとなります。
一方、株式の発行手数料はその目的が増資であり株式の発行は資本金が増えるだ
けで、課税資産の譲渡等、その他の資産の譲渡等との対応関係が明確ではないため、
共通して要するものとなります。

Section 6 仕入税額控除④〜一括比例配分方式 （2級）

課税売上割合が95％未満の場合の仕入税額控除の計算は、section5で学習した個別対応方式を原則としますが、個別対応方式はあくまでも区分経理を行っていることが前提となるため、区分経理ができない場合には控除税額が求められなくなってしまいます。

そこで、簡便法として、区分経理をしていない場合に用いることができる「一括比例配分方式」という方法を認めています。

1 一括比例配分方式とは（法30②二）

一括比例配分方式とは、全額控除が適用できない場合[*01]に、すべての課税仕入れ等を「**共通して要するもの**」と考えて、**一括して課税売上割合を乗じる**ことで控除対象仕入税額を計算する方法です。

この方法は、個別対応方式の簡便法という位置付けでもあり、課税仕入れ等について**区分経理がなされていない場合**には、**必ず一括比例配分方式により計算**することになります[*02]。

[*01] Section3で確認したように、課税売上割合が95％未満の場合や課税売上割合が95％以上で、かつ、その課税期間における課税売上高が5億円を超える場合には全額控除が適用されません。

[*02] 区分経理を行っている事業者についても一括比例配分方式によることができます。

2 計算方法

1．課税仕入れ等の税額の合計額の計算

一括比例配分方式では、課税仕入れ等を区分せずに一括して課税仕入れ等の税額を計算します[*01]。

[*01] 計算式の考え方そのものは、Section4の基本的な考え方と同じです。

$$\text{課税仕入れ等の税額の合計額} = \text{課税仕入れに係る消費税額の合計額} + \text{課税期間中に引き取った課税貨物に係る消費税額}$$

2．控除対象仕入税額の計算

1．で計算した税額に課税売上割合を乗じることで、控除対象仕入税額の金額を計算します。

$$\text{控除対象仕入税額} = \text{課税仕入れ等の税額の合計額} \times \text{課税売上割合}$$

これを図で示すと、次のように表すことができ、図中の　　で示した部分が控除対象仕入税額となります。

[*02] 実際は区分経理がされていない場合の特例であるため、各区分の種類は不明です。

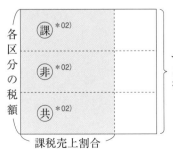

各区分の税額

課 [*02]
非 [*02]
共 [*02]

課税売上割合

すべて「共通して要するもの」と考えて、**一律に課税売上割合を乗じて控除する税額を計算**

次の【資料】から、控除対象仕入税額を割戻し計算の方法により計算しなさい。なお、当社は税込経理方式を採用している。また、当社の当課税期間の課税売上割合は80％とする。

【資料】

1．課税資産の譲渡等にのみ要する課税仕入高 　　　92,043,015円

　　なお、上記課税仕入高のうち4,443,000円（消費税額315,000円及び地方消費税額88,800円を含む）は輸入商品の仕入高である。

2．その他の資産の譲渡等にのみ要する課税仕入高 　　18,550,000円

3．共通して要する課税仕入高 　　　　　　　　　　68,126,000円

解　答

控除対象仕入税額 　　　　| 10,391,238 | 　円

解　説

　区分経理が行われている場合、特に指示がなければ個別対応方式と一括比例配分方式の両方の方式で計算し、より有利となる方、すなわち控除対象仕入税額が大きくなる方を採用します。

(1) 課税売上割合

　　80％ ＜ 95％ 　　　∴按分計算が必要

(2) 課税仕入れ等の税額

　① 課税資産の譲渡等にのみ要するもの

　　イ 国内取引

$$92,043,015円 - 4,443,000円 = 87,600,015円$$

$$87,600,015円 \times \frac{7.8}{110} = 6,211,637円$$

　　ロ 輸入取引

　　　315,000円

　　ハ 合計

　　　6,211,637円 + 315,000円 = 6,526,637円

　② その他の資産の譲渡等にのみ要するもの

$$18,550,000円 \times \frac{7.8}{110} = 1,315,363円$$

　③ 共通して要するもの

$$68,126,000円 \times \frac{7.8}{110} = 4,830,752円$$

(3) 個別対応方式による控除対象仕入税額の計算

　　6,526,637円 + 4,830,752円 × 80％ = 10,391,238円

(4) 一括比例配分方式による控除対象仕入税額の計算

　① 課税仕入れ等の税額

　　イ 国内取引

$$(87{,}600{,}015円 + 18{,}550{,}000円 + 68{,}126{,}000円) \times \frac{7.8}{110} = 12{,}357{,}753円$$

　　ロ 輸入取引

　　　315,000円

　　ハ 合計

　　　12,357,753円 + 315,000円 = 12,672,753円

　② 控除対象仕入税額

　　12,672,753円 × 80% = 10,138,202円

(5) 判定

　10,391,238円 ＞ 10,138,202円　　∴個別対応方式が有利

　　　　　　　　　　　　　　　　　10,391,238円

課税仕入れに軽減税率がある場合 （2 級）

Chapter 7において軽減税率が適用される取引を学習しました。Chapter 7では売上げ側における計算内容を学習しましたが、この単元では仕入れ側における計算内容を学習します。

課税仕入れの中に飲食料品に該当するものの課税仕入れ、新聞の定期購読契約に基づく課税仕入れがあった場合はどのように計算するか見ていきましょう。

1 課税仕入れに軽減税率がある場合の控除対象仕入税額の計算

　国内課税仕入れに軽減税率がある場合は、標準税率適用課税仕入れに係る消費税額と軽減税率適用課税仕入れに係る消費税額を別々に計算し合計します。この場合の計算パターンは下記の通りとなります。なお、下記の計算パターンは課税資産の譲渡等とその他の資産の譲渡等に共通して要する課税仕入れの中に軽減税率が適用される課税仕入れがある場合となります。

(1) 課税仕入れ等の税額（割戻し計算）

① 課税資産の譲渡等にのみ要するもの

イ 国内取引

国内課税仕入れの金額（税込）$\times \dfrac{7.8}{110} = $ X,XXX,XXX 円

ロ 輸入取引　　X,XXX,XXX 円

ハ 合計

イ＋ロ＝X,XXX,XXX 円（A）

② その他の資産の譲渡等にのみ要するもの

国内課税仕入れの金額（税込）$\times \dfrac{7.8}{110} = $ X,XXX,XXX 円

③ 共通して要するもの

イ 標準税率適用分

標準税率適用国内課税仕入れの金額（税込）$\times \dfrac{7.8}{110} = $ X,XXX,XXX 円

ロ 軽減税率適用分

軽減税率適用国内課税仕入れの金額（税込）$\times \dfrac{6.24}{108} = $ X,XXX,XXX 円

ハ 合計

イ＋ロ＝X,XXX,XXX 円（B）

(2) 個別対応方式による控除対象仕入税額の計算

（A）＋（B）×課税売上割合

(3)　一括比例配分方式による控除対象仕入税額の計算

①　標準税率適用分

標準税率適用国内課税仕入れの金額の合計額（税込）$\times \dfrac{7.8}{110} = $ X,XXX,XXX円

②　軽減税率適用分

軽減税率適用国内課税仕入れの金額の合計額（税込）$\times \dfrac{6.24}{108} = $ X,XXX,XXX円

③　輸入取引　　X,XXX,XXX円

④　合計

（①＋②＋③）×課税売上割合＝X,XXX,XXX円

(4)　判定

(2)　$\begin{matrix} > \\ < \end{matrix}$　(3)

設問6　　　　　　　　　　　　　　　　　　　　　　　控除対象仕入税額の計算

　次の【資料】から当社の当課税期間の控除対象仕入税額を割戻し計算の方法により計算しなさい。なお、当社は税込経理方式を採用している。また、当課税期間の課税売上割合は80％とする。

【資料】

　当社の課税仕入れ等の内訳は、下記のとおりである。

(1)　課税資産の譲渡等にのみ要する課税仕入れ等　　　　　　　　　　　　　　　47,430,000円

　　なお、上記課税仕入れ等のうち2,754,000円（消費税額159,100円、地方消費税額44,800円を含む金額）は保税地域から引き取った課税貨物に係る金額である。

(2)　その他の資産の譲渡等にのみ要する課税仕入れ　　　　　　　　　　　　　　9,460,500円

(3)　課税資産の譲渡等とその他の資産の譲渡等に共通して要する課税仕入れ　　34,744,090円

　　なお、上記金額のうち75,890円は来客者に提供する茶菓子等食品（飲食料品に該当するもの。）の購入代金であり、134,860円は定期購読契約している日刊新聞の定期購読料である。

解　答

控除対象仕入税額　　　　　| 5,295,756 |　　円

解　説

(1)　課税仕入れ等の税額

①　課税資産の譲渡等にのみ要するもの

イ　国内取引

47,430,000円 － 2,754,000円 ＝ 44,676,000円

44,676,000円 $\times \dfrac{7.8}{110} = $ 3,167,934円

ロ　輸入取引

159,100円

ハ　合計

　　　$3,167,934$ 円 $+ 159,100$ 円 $= 3,327,034$ 円

② その他の資産の譲渡等にのみ要するもの

　　　$9,460,500$ 円 $\times \dfrac{7.8}{110} = 670,835$ 円

③ 共通して要するもの

イ　標準税率適用分

　　　$34,744,090$ 円 $- 75,890$ 円 $- 134,860$ 円 $= 34,533,340$ 円

　　　$34,533,340$ 円 $\times \dfrac{7.8}{110} = 2,448,727$ 円

ロ　軽減税率

　　　$75,890$ 円 $+ 134,860$ 円 $= 210,750$ 円

　　　$210,750$ 円 $\times \dfrac{6.24}{108} = 12,176$ 円

ハ　合計

　　　$2,448,727$ 円 $+ 12,176$ 円 $= 2,460,903$ 円

(2) 個別対応方式による控除対象仕入税額

　　$3,327,034$ 円 $+ 2,460,903$ 円 $\times 80\% = 5,295,756$ 円

(3) 一括比例配分方式による控除対象仕入税額

① 標準税率適用分

　　　$(44,676,000$ 円 $+ 9,460,500$ 円 $+ 34,533,340$ 円$) \times \dfrac{7.8}{110} = 6,287,497$ 円

② 軽減税率適用分

　　　$210,750$ 円 $\times \dfrac{6.24}{108} = 12,176$ 円

③ 輸入取引

　　　$159,100$ 円

④ 合計

　　　$(6,287,497$ 円 $+ 12,176$ 円 $+ 159,100$ 円$) \times 80\% = 5,167,018$ 円

(4) 判定

　　$5,295,756$ 円 $> 5,167,018$ 円　　∴　個別対応方式有利　$5,295,756$ 円

Section 8 帳簿等の保存

仕入税額控除の規定は、納税者にとって有利な規定であることから、意図的に控除額を過大にし、納付税額を過少にすることを防ぐため、控除額の裏付けとなる資料として帳簿と請求書等の書類の保存が義務付けられています。

ここでは、その保存期間や保存する帳簿や請求書等の記載内容を確認しましょう。

1 仕入税額控除の適用要件（法30⑦） 〔3級〕

仕入税額控除の規定は、課税仕入れ等の税額に係る**帳簿及び請求書等を保存**[*01]しなければ、適用できません。

ただし、**災害その他やむを得ない事情**によりその保存をすることができなかったことを事業者が証明した場合には、この限りではありません[*02]。

*01）帳簿と請求書等の両方を保存しなければなりません。

*02）このような規定を宥恕規定（ゆうじょきてい）といいます。

2 帳簿等の保存期間（令50①） 〔3級〕

帳簿及び請求書等については整理した上で、

・帳簿については、その**閉鎖の日（決算日）の属する課税期間の末日の翌日から**

・請求書等については、その**受領した日の属する課税期間の末日の翌日から2ヵ月を経過した日**[*01]**から7年間保存**しなければなりません。

ただし、5年を経過した後の残り2年間については、適切に保存していることを条件に、帳簿と請求書等のいずれかを保存すればよいことになっています。

*01）「2ヵ月を経過した日から」というのは、法人における確定申告期限が過ぎた日からと覚えておきましょう。

3 請求書等の保存が不要の場合（令49①） 〔3級〕

原則として、仕入税額控除を適用する場合には、帳簿及び請求書等の両者の保存が必要ですが、**1回の取引が税込み3万円未満の場合**や1回の取引が税込み3万円以上であっても請求書等の交付を受けなかったことについて**やむを得ない理由がある場合**には、**帳簿のみ保存**すればよく[*01]、請求書等の保存は不要です。

*01）この場合、やむを得ない理由等必要事項を帳簿に記載しなければなりません。

1．帳簿の記載事項

　課税仕入れ等について帳簿には、次の事項が記載されている必要があります。

・課税仕入れの相手方の**氏名又は名称**

・課税仕入れを行った**年月日**

・課税仕入れに係る**資産又は役務の内容**（軽減税率が適用されるものである場合には、その資産の内容と軽減税率が適用される旨）

・課税仕入れに係る**支払対価の額**

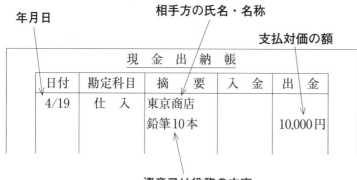

2．請求書等の記載事項

　課税仕入れ等について保存を要する請求書等には、次のような種類があり、それぞれ記載すべき事項が定められています。

⑴　**請求書・納品書等**

　⑴**適格請求書発行事業者**の氏名又は名称及び登録番号

　⑵課税資産の譲渡等を行った**年月日**（一定期間分まとめて作成する場合にはその一定の期間）

　⑶課税資産の譲渡等に係る**資産又は役務の内容**（軽減税率が適用されるものである場合には、その資産の内容と軽減税率が適用される旨）

　⑷課税資産の譲渡等に係る税抜価額又は税込価額を税率の異なるごとに区分して合計した金額及び適用税率額

　⑸消費税額等

　⑹**書類の交付を受ける事業者***01)の氏名又は名称*02)

＊01）請求書等をもらう者、すなわち課税仕入れを行った者を指します。

＊02）小売業や飲食店業等不特定多数の者を相手としている場合については、この記載は不要とされています。
スーパーやコンビニでもらうレシートのイメージです。

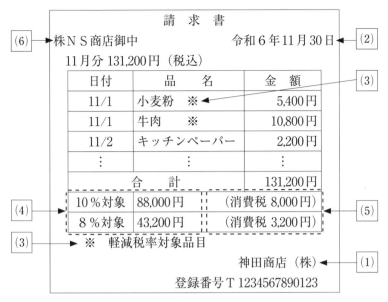

＊03）百貨店等が消化仕入れ（商品の所有権がメーカーにあるままで、百貨店等が顧客に商品を販売したと同時にその商品に係る仕入れが計上されるという取引をいいます。）を行う際に、ＰＯＳ等で管理された販売データをもとにメーカー側に仕入金額を提示するために使われる計算書等を指します。

（2）　**仕入明細書、仕入計算書**＊03）**等**

- **書類の作成者**の氏名又は名称
- 課税仕入れの**相手方**の氏名又は名称及び登録番号
- 課税仕入れを行った**年月日**（一定期間分をまとめて作成する場合にはその一定の期間）
- 課税仕入れに係る**資産又は役務の内容**（軽減税率が適用されるものである場合には、その資産の内容と軽減税率が適用される旨）
- 税率の異なるごとに区分して合計した課税仕入れに係る**支払対価の額**
- 適用税率
- 消費税額等

〈帳簿及び請求書等の記載内容〉

　保存しておくべき帳簿及び請求書等の記載内容は、①**仕入れ側の氏名・名称**、②**売上げ側の氏名・名称**、③**年月日**、④**内容**、⑤**金額**の5点（帳簿については、記載する側の情報は書かれないため①以外の4点です。）

　これを踏まえた上で、それぞれの書類の作成が売上げ側、仕入れ側のどちらで行われるものなのかにより「課税資産の譲渡等」と「課税仕入れ」が使い分けられます。

〈適格請求書等保存方式の導入〉

　令和5年10月1日から、複数税率に対応した消費税の仕入税額控除の方式として適格請求書等保存方式（いわゆるインボイス制度）が導入されます。適格請求書等保存方式の下では、税務署長に申請して登録を受けた課税事業者である「適格請求書発行事業者」が交付する「適格請求書」（いわゆるインボイス）等の保存が仕入税額控除の要件となります。

Chapter

9

仕入れに係る
対価の返還等

ここでは、仕入れにつき、返品等が行われた際の調整を見ていきます。なお、課税仕入れと課税貨物の引取りとでは取扱いに違いがありますので、それぞれの税額計算の違いを押さえながら確認しましょう。

Section

仕入れに係る対価の返還等

Chapter 8で仕入れに係る消費税額の控除の規定を学習しましたが、課税仕入れと
して税額控除の対象とした仕入れに関し、返品や値引き、割戻し等が行われた場合
にはどのような調整を行ったらよいのでしょうか？
ここでは、課税仕入れに関する返品や値引き、割戻し等が行われた場合の仕入税額
控除の特例を見ていきましょう。

1 仕入れに係る対価の返還等の概要

1．仕入れに係る対価の返還等の意義（法32①）

仕入れに係る対価の返還等とは、事業者が国内において行った課税
仕入れにつき**返品をし、又は値引き若しくは割戻しを受けた**ことにより、
その課税仕入れに係る支払対価の額の全部若しくは一部の返還又はそ
の課税仕入れに係る支払対価の額に係る買掛金等の全部若しくは一部
の減額をいいます。

すなわち、課税仕入れに対し、返品等の事由により、その仕入代金
の返金を受けたり、その仕入代金に係る債務の減額を受けた場合のそ
の**返金額や減額された債務の額**のことを指します。

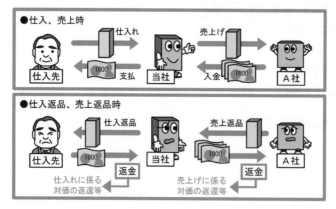

2．仕入れに係る対価の返還等を受けた場合の消費税額の控除の趣旨

納付する消費税は預かった消費税から支払った消費税を差し引くこ
とで求めます。ここで、支払った消費税は仕入税額控除という形で納
付税額の計算上差し引かれますが、返品や値引き等が生じた場合には
仕入れのマイナスとして取り扱われるため、その分だけ支払った消費
税を減額しないと納付税額が過少に計上されてしまいます。

そのため、返品や値引き等があった場合には「**仕入れに係る対価の
返還等**」として、そのマイナスとなる部分の消費税額を**課税仕入れ等
の税額から控除**して仕入れに係る消費税額を計算します。

消費税法〈仕入れに係る対価の返還等を受けた場合の仕入れに係る消費税額の控除の特例〉
第32条① 事業者が、国内において行った課税仕入れにつき、返品をし、又は値引き若しくは割戻しを受けたことにより、その課税仕入れに係る支払対価の額の全部若しくは一部の返還又はその課税仕入れに係る支払対価の額に係る買掛金その他の債務の額の全部若しくは一部の減額（以下この条において「仕入れに係る対価の返還等」という。）を受けた場合には、一定の金額をその仕入れに係る対価の返還等を受けた日の属する課税期間における課税仕入れ等の税額の合計額とみなして、仕入れに係る消費税額の控除の規定を適用する。

2 仕入れに係る対価の返還等の範囲　　3級

仕入れに係る対価の返還等の対象となるものには以下のものがあります。

項目	内容
仕入返品・値引き	仕入れた商品を返品することによる返金、約定違反等により仕入金額の減額を受けたもの
仕入割戻し（リベート）	一定期間に一定額又は一定量の取引をした仕入先からの代金の一部返戻（リベート）
仕入割引*01)（基通12－1－4）	買掛金等を支払期日よりも前に決済したことにより取引先から支払いを受けるもの

*01) 簿記上、仕入割引は財務収益として取り扱いますが、消費税法では仕入れのマイナス項目として取り扱います。

3 仕入れに係る対価の返還等に係る消費税額　　2級

仕入れに係る対価の返還等に係る消費税額は、以下の算式に基づいて計算します。

$$\text{仕入れに係る税込対価の返還等の金額の合計額} \times \frac{7.8}{110}^{*01)} = \text{仕入れに係る対価の返還等に係る消費税額}$$

ただし、この算式は令和元年10月1日以後に行われた課税仕入れについて適用され、令和元年9月30日以前に行われた課税仕入れについては以下の算式により計算します。

$$\text{仕入れに係る税込対価の返還等の金額の合計額} \times \frac{6.3}{108} = \text{仕入れに係る対価の返還等に係る消費税額}$$

なお、仕入税額控除の章*02)で確認したように当課税期間の課税売上割合や、課税売上高に応じ、以下のように控除対象仕入税額を計算します。

*01) 令和元年10月1日施行の改正法により規定上は$\frac{7.8}{110}$で計算しますが、消費税は課税仕入れの発生時点での税率により計算するため、改正後の期間での返還等であっても、課税仕入れの発生時点が旧法の適用期間であれば、旧法の算式により計算します。なお、旧法適用期間における返還等と改正法の適用期間の返還等がある場合には、それぞれの算式により計算し、合計します。

*02) Chapter8を参照して下さい。

1. 全額控除方式を適用している場合

当課税期間の課税売上割合が95％以上かつ課税売上高が5億円以下の場合は、課税仕入れ等の税額を全額控除できるため、**仕入れに係る対価の返還等に係る消費税額も全額差し引きます。**

$$
\begin{array}{c}
\text{課税仕入れ等の} \\
\text{税額の合計額}
\end{array}
-
\begin{array}{c}
\text{仕入れに係る対価の} \\
\text{返還等に係る消費税額}
\end{array}
=
\begin{array}{c}
\text{控除対象} \\
\text{仕入税額}
\end{array}
$$

2. 上記以外の場合 [03]

(1) 個別対応方式による場合

課税仕入れ等の税額のうち、課税資産の譲渡等にのみ要する課税仕入れ等の税額は、全額が税額控除の対象となるため、仕入れに係る対価の返還等に係る消費税額も**全額差し引きます。** また、共通して要する課税仕入れ等の税額は、課税売上割合を乗じた部分のみが税額控除の対象となるため、仕入れに係る対価の返還等に係る消費税額も**課税売上割合を乗じた部分のみを差し引きます。**

$$
\underbrace{
\begin{array}{c}
\text{課税資産の譲渡等にのみ要する} \\
\text{課税仕入れ等の税額の合計額}
\end{array}
}_{A}
-
\underbrace{
\begin{array}{c}
\text{課税資産の譲渡等にのみ要する} \\
\text{仕入れに係る対価の返還等に係る消費税額}
\end{array}
}_{A'}
= Ⓐ
$$

$$
\underbrace{
\begin{array}{c}
\text{共通して要する} \\
\text{課税仕入れ等の税額の合計額}
\end{array}
}_{B}
\times
\begin{array}{c}
\text{課税売上} \\
\text{割\ \ \ \ 合}
\end{array}
-
\underbrace{
\begin{array}{c}
\text{共通して要する} \\
\text{仕入れに係る対価の返還等に係る消費税額}
\end{array}
}_{B'}
\times
\begin{array}{c}
\text{課税売上} \\
\text{割\ \ \ \ 合}
\end{array}
= Ⓑ
$$

$$
Ⓐ \quad + \quad Ⓑ \quad = 控除対象仕入税額
$$

*03) 個別対応方式か一括比例配分方式かの選択は控除対象仕入税額の金額によるので、仕入返還等の影響を考慮した双方の金額を比較して行います。

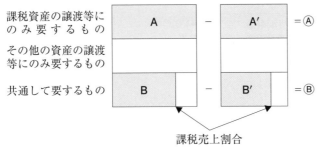

課税売上割合

(2) 一括比例配分方式による場合

　課税仕入れ等の税額のうち、**課税売上割合を乗じた部分のみが税額控除の対象**となるため、仕入れに係る対価の返還等に係る消費税額も**課税売上割合を乗じた部分のみを差し引きます**。

$$\begin{array}{c}\text{課税仕入れ等の}\\\text{税額の合計額}\end{array} \times \begin{array}{c}\text{課税売上}\\\text{割　　合}\end{array} - \begin{array}{c}\text{仕入れに係る対価の}\\\text{返還等に係る消費税額}\end{array} \times \begin{array}{c}\text{課税売上}\\\text{割　　合}\end{array} = \begin{array}{c}\text{控除対象}\\\text{仕入税額}\end{array}$$

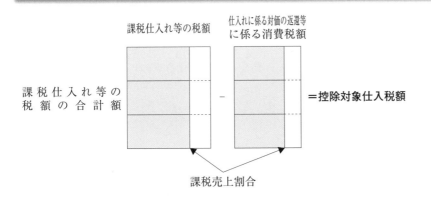

課税売上割合

設問 1	控除対象仕入税額の計算

　以下の【資料】から、当課税期間における控除対象仕入税額を割戻し計算の方法により計算しなさい。なお、当社は税込経理を採用しており、軽減税率が適用される取引は含まれていない。

【資料】

(1)　当課税期間の課税売上割合　　　　　　　　　　　　　　　　　　　　　90％

(2)　当課税期間における総課税仕入れ高は3,465,700円であるが、その内訳は次のとおりである。

　　①　課税資産の譲渡等にのみ要する課税仕入れ　　　　　　　　　2,100,100円

　　②　その他の資産の譲渡等にのみ要する課税仕入れ　　　　　　　　315,200円

　　③　課税資産の譲渡等とその他の資産の譲渡等に共通して要する課税仕入れ

　　　　　　　　　　　　　　　　　　　　　　　　　　　　　　　1,050,400円

(3)　上記(2)の①に係る仕入値引高　　　　　　　　　　　　　　　　105,100円

控除対象仕入税額 　　　214,468　　　 円

(1)　課税売上割合

　　90％ ＜ 95％　　∴　按分計算が必要

(2)　控除対象仕入税額

　(1)　課税仕入れ等の税額

　　　a　課税資産の譲渡等にのみ要するもの

　　　　$2,100,100 円 \times \dfrac{7.8}{110} = 148,916 円$

　　　b　その他の資産の譲渡等にのみ要するもの

　　　　$315,200 円 \times \dfrac{7.8}{110} = 22,350 円$

　　　c　共通して要するもの

　　　　$1,050,400 円 \times \dfrac{7.8}{110} = 74,482 円$

　(2)　返還等に係る税額（課税資産の譲渡等にのみ要するものに係るもの）

　　　$105,100 円 \times \dfrac{7.8}{110} = 7,452 円$

　(3)　個別対応方式による控除対象仕入税額

　　　$(148,916 円 - 7,452 円) + 74,482 円 \times 90％ = 208,497 円$

　(4)　一括比例配分方式による控除対象仕入税額

　　①　課税仕入れ等の税額

　　　$3,465,700 円 \times \dfrac{7.8}{110} \times 90％ = 221,174 円$

　　②　返還等に係る税額

　　　$7,452 円 \times 90％ = 6,706 円$

　　③　差引計

　　　$221,174 円 - 6,706 円 = 214,468 円$

　(5)　判定

　　　208,497 円 ＜ 214,468 円　　∴　一括比例配分方式有利　214,468 円

10

売上げに係る
対価の返還等

消費税の計算を行ううえで、まず行うのが預かった消費税である売上げの消費税を求めることです。事業者にとって、売上げの金額は、その課税期間に支払うべき消費税額を求める際、とても重要な項目ですので、返品などの理由で、売上げのマイナスが発生した場合には、税額計算上も考慮していかなければなりません。ここでは、売上げに対し、返品等の事由が生じた場合の取扱いを見ていきましょう。

Section

Section 1 売上げに係る対価の返還等

3級 2級

Chapter8 で学習したように、消費税の税額控除は、全部で4つあります。ここでは、そのうちの売上げに対する返品や割戻し等があった場合（これらを消費税法では「売上げに係る対価の返還等」といいます）の取扱いについて見ていきましょう。

1 売上げに係る対価の返還等の概要（法38①） 3級

1. 売上げに係る対価の返還等の意義

売上げに係る対価の返還等とは、事業者が国内において行った**課税資産の譲渡等**について、**返品、値引き、割戻し**による、課税資産の譲渡等に係る税込価額又は売掛金等の全部若しくは一部の返還や減額をいいます*01)。

なお、ここでいう課税売上げには**免税売上げは含まれません**。

*01) すなわち、売上代金を返金したり、その売上げに関する債権を減額した場合における、その返金額や減額した債権金額のことを指します。

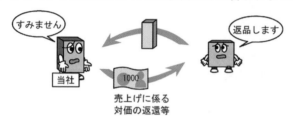

消費税法〈売上げに係る対価の返還等をした場合の消費税額の控除〉

第38条① 事業者（免税事業者を除く。）が、国内において行った課税資産の譲渡等（特定資産の譲渡等に該当するもの及び輸出免税取引等の規定により消費税が免除されるものを除く。）につき、返品を受け、又は値引き若しくは割戻しをしたことにより、その課税資産の譲渡等の対価の額とその対価の額に100分の10を乗じて算出した金額との合計額（以下、「税込価額」という。）の全部若しくは一部の返還又はその課税資産の譲渡等の税込価額に係る売掛金その他の債権の額の全部若しくは一部の減額（以下、「売上げに係る対価の返還等」という。）をした場合には、その売上げに係る対価の返還等をした日の属する課税期間の課税標準額に対する消費税額からその課税期間において行った売上げに係る対価の返還等の金額に係る消費税額の合計額を控除する。

〈現物による売上げに係る対価の返還等の取扱い〉

売上げに係る対価の返還等の対象となるのは、金銭による返還又は債権金額の減額だけです。そのため、商品等の現物による割戻し等*02)は売上げに係る対価の返還等には該当しません。

*02) 特定数以上の購入があった場合に、注文数以上の商品を割戻しとして付ける場合等が該当します。

2．売上げに係る対価の返還等をした場合の消費税額の控除の趣旨

消費税は預かった消費税から支払った消費税を差し引くことで求めます。

ここで、いったん預かった消費税として計上した金額が、その後、値引き等によって取り消された場合、取り消された部分の預かった消費税を減額しないと納付額が過大に計算されることになります。そのため、値引き等があった場合には値引き等として取り消された部分の消費税額を**控除税額として控除します**^{*03)}。

$$\text{控除対象仕入税額} + \text{売上げに係る対価の返還等に係る消費税額} + \text{貸倒れに係る消費税額} = \text{控除税額小計}$$

※右欄

*03) 消費税の税額控除はこれらの3つの税額に係る控除があり、これら3つの税額を合わせて「控除税額小計」を計算します（その他「特定課税仕入れに係る対価の返還等を受けた場合の消費税等の控除」があります。1級で見ていきます）。

2 売上げに係る対価の返還等の範囲 〔3級〕

売上げに係る対価の返還等の対象となるものには以下のものがあります。

項目	内容
売上返品・値引き	売上商品が返品されることによる返金、約定違反等により、売上金額の減額をしたもの
売上割戻し （リベート）	一定期間に一定額又は一定量の取引をした取引先に対する代金の一部返戻（リベート）
売上割引^{*01)} （基通14－1－4）	売掛金等が支払期日の前に決済されたことにより取引先に支払うもの

*01) 会計上は、売上割引は財務費用として扱いますが、消費税法では売上げのマイナス項目として扱います。

3 売上げに係る対価の返還等に係る消費税額 〔2級〕

売上げに係る対価の返還等に係る消費税額は、以下の算式に基づいて計算します。

$$\text{売上げに係る税込対価の返還等の金額の合計額} \times \frac{7.8}{110} = \text{売上げに係る対価の返還等に係る消費税額}$$

ただし、この算式は令和元年10月1日以後に発生した売上げについて適用され、令和元年9月30日以前に行われた売上げについては以下の算式により計算します。

$$\text{売上げに係る税込対価の返還等の金額の合計額} \times \frac{6.3}{108} = \text{売上げに係る対価の返還等に係る消費税額}$$

　以下の取引は、消費税が課されないため、そもそも控除すべき税額が含まれていません。そのため、**売上げに係る対価の返還等に係る消費税額の控除の規定を適用しません**[*01]。

（1）　**輸出免税売上げに係る返還等**

（2）　**非課税売上げに係る返還等**[*02]

（3）　**不課税売上げに係る返還等**[*02]

*01）売上時に7.8％課税されるものだけが対象になる点に注意しましょう。

*02）非課税売上げに係る返還等には、例えば土地の譲渡に関する値引きがあります。
　不課税売上げに係る返還等には、例えば、国外の売上げに関する値引きがあります。

11

貸倒れに係る
消費税額の控除等

売上げに対する債権が貸倒れた場合には、事業者は預かった消費税がないにもかかわらず消費税の計算対象にその売上げが入ってしまうことにより、消費税の負担をすることとなってしまいます。

これは、Chapter 8 で学習した前段階控除の考え方からすると不合理であるため、税額控除によってその調整を行います。

ここでは、消費税の対象となる売上げに貸倒れが生じた場合と、その貸倒れとなった債権を回収した場合の扱いについて見ていきましょう。

Section

貸倒れに係る消費税額

消費税の税額控除の最後は貸倒れがあった場合の取扱いです[01]。

消費税は Chapter 1 で学習したように、納税義務者である事業者が消費者の代わりに税金を預かって納付しているため、売上げの代金が貸倒れてしまった場合には売上げに係る消費税を事業者が負担していることになってしまい、消費税の本来の考え方にはそぐわないため、税額控除により調整することとしています。

1 貸倒れの概要

1．貸倒れの意義（法39①）

貸倒れとは、相手先の倒産などにより売掛金その他の債権[02]の課税資産の譲渡等の税込価額の全部又は一部が領収できなくなったことをいいます。

> **消費税法〈貸倒れに係る消費税額の控除等〉**
>
> 第39条① 事業者(免税事業者を除く。)が国内において課税資産の譲渡等(特定資産の譲渡等に該当するもの及び輸出免税取引等の規定により消費税が免除されるものを除く。)を行った場合において、その課税資産の譲渡等の相手方に対する売掛金その他の債権につき更生計画認可の決定により債権の切捨てがあったことその他これに準ずるものとして政令で定める事実が生じたため、その課税資産の譲渡等の税込価額の全部又は一部の領収をすることができなくなったときは、その領収をすることができないこととなった日の属する課税期間の課税標準額に対する消費税額から、その領収をすることができなくなった課税資産の譲渡等の税込価額に係る消費税額（その税込価額に110分の7.8を乗じて算出した金額をいう。）の合計額を控除する。

2．貸倒れに係る消費税額の控除の趣旨

売掛金等の貸倒れが生じた場合にその額は、**実質的に「対価を得て」という課税の対象の要件**[03]を満たさないこととなるため、課税の対象から除かれるべきです。

したがって、事業者においては納付すべき消費税額が減少するため、貸倒れに係る消費税額を控除税額として控除します。

$$\begin{array}{c}控除対象\\仕入税額\end{array} + \begin{array}{c}売上げに係る対価の\\返還等に係る消費税額\end{array} + \begin{array}{c}貸倒れに\\係る消費税額\end{array} = 控除税額小計$$

[01] これまで
①仕入税額控除
②売上に係る対価の返還等
を学習してきました。

[02] 課税売上げに対する債権であり、商品の販売に対する売掛金や、建物や車等の固定資産を売却した際の未収金等が該当します。

[03] 課税の対象の要件とは、
・国内において行うものであること
・事業者が事業として行うものであること
・対価を得て行われるものであること
・資産の譲渡及び貸付け並びに役務の提供であること
の4要件です。

2 貸倒れの範囲（令59、規18） 3 級

　消費税法では、課税の公平を図るため、貸倒れの事実認定や対象金額に関する要件が厳密に定められており、その要件を満たしたもののみを税額控除の対象としています。

　貸倒れの事由や貸倒れの金額をまとめると以下のとおりです。

	一定の事実	貸倒れの金額
法律上	会社更生法の規定による債権の切り捨て等	切捨額
法律上	債権者集会等の協議決定で書面により債務免除を行った	債務免除額
事実上	債務者の財産の状況等から**債務の全額**を弁済できないことが明らかである[01]	債権額（全額）
形式上	その他一定の場合	取引先ごとに（売掛債権額－備忘価額）

*01）担保物がある場合には、担保の処分価額相当額は回収可能であるため、担保の処分が行われるまでは貸倒れとすることができません。

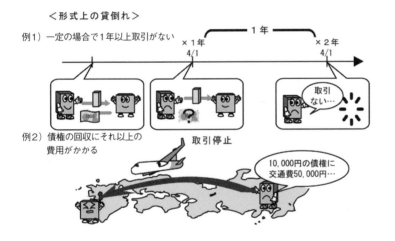

＜形式上の貸倒れ＞

例1）一定の場合で1年以上取引がない

例2）債権の回収にそれ以上の費用がかかる

取引停止

10,000円の債権に交通費50,000円…

3 貸倒れに係る消費税額 2 級

　貸倒れに係る消費税額は、以下の算式に基づいて計算します。

$$\text{貸倒れに係る債権金額の合計額（税込）} \times \frac{7.8}{110}^{*01} = \text{貸倒れに係る消費税額}$$

　ただし、令和元年9月30日以前に発生した売上げに係る債権の貸倒額は、消費税の税率が違うため、以下の算式により計算します。

$$\text{貸倒れに係る債権金額の合計額（税込）} \times \frac{6.3}{108} = \text{貸倒れに係る消費税額}$$

*01）令和元年10月1日施行の改正法により規定上は$\frac{7.8}{110}$で計算しますが、消費税は売上げの発生時点での税率により計算するため、改正後の期間の貸倒れであっても、売上げの発生時点が旧法の適用期間であれば、旧法の算式により計算します。なお、旧法適用期間における貸倒額と改正法の適用期間の貸倒額がある場合には、それぞれの算式により計算し、合計します。

Chapter 11 | 貸倒れに係る消費税額の控除等　　**167**

　当課税期間に貸倒れた債権13,755,000円の内訳は次の【資料】のとおりである。当課税期間の貸倒れに係る消費税額を計算しなさい。

　なお、当社は当課税期間まで継続して課税事業者である。

【資料】

　　　当課税期間の貸倒れ　　13,755,000円

　　　　　　　　内訳：　①当課税期間に行った国内課税売上げに係る売掛金　　　　850,000円

　　　　　　　　　　　　②当課税期間に売却した土地に係る未収金　　　　　　4,725,000円

　　　　　　　　　　　　③当課税期間に売却した建物（居住用）に係る未収金　　7,350,000円

　　　　　　　　　　　　④前課税期間に行った輸出免税売上げに係る売掛金　　　　830,000円

解答

貸倒れに係る消費税額　　　　　　| 581,454 |　　円

解説

　土地の売却は非課税取引に該当し、輸出免税取引は免税取引に該当するため、これらに係る債権の貸倒れは税額控除の適用がありません。

　なお、建物（居住用）の貸付け（貸付期間1ヵ月以上）による賃貸料は非課税取引ですが、建物の売却は課税取引であるため、③が控除の対象になる点に注意しましょう。

　　①850,000円 + ③7,350,000円 = 8,200,000円

　　$8,200,000円 \times \dfrac{7.8}{110} = 581,454円$

Section 2 貸し倒れた債権が回収できた場合 ②級

貸倒れに係る消費税額の控除を行う理由として、売上げに関する債権が貸倒れてしまったことにより、実質的に「対価を得て」いないことがあげられていました。

それでは、貸倒れに係る消費税額の控除の対象とした債権が、後日回収された場合には、どのような調整が必要でしょうか?

ここでは、貸倒れとした債権が回収された場合について見ていきましょう。

1 貸し倒れた債権につき回収できた場合（法39③）

貸倒れに係る消費税額の控除の適用を受けた後に、その控除対象となった債権の全部又は一部を回収したときは、その回収金額[*01]に係る消費税額を「控除過大調整税額」として、課税標準額に対する消費税額に**加算**します。

*01)「償却債権取立益」といいます。

2 控除過大調整税額の処理

1．調整税額の計算

控除過大調整税額は、以下の算式に基づいて計算します。

$$回収した売掛金等の金額の合計額（税込） \times \frac{7.8}{110} = 控除過大調整税額$$

なお、令和元年9月30日以前に発生した売上げに係る債権が貸倒れとなった場合は下記の算式になります。

$$回収した売掛金等の金額の合計額（税込） \times \frac{6.3}{108} = 控除過大調整税額$$

2．適用時期

控除過大調整税額の処理は、**回収した日の属する課税期間**に行います。

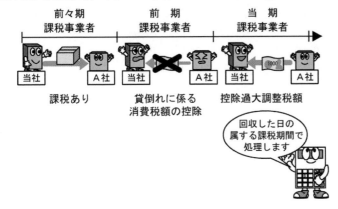

前々期 課税事業者	前期 課税事業者	当期 課税事業者
当社 → A社	当社 ✕ A社	当社 ← A社
課税あり	貸倒れに係る 消費税額の控除	控除過大調整税額

回収した日の属する課税期間で処理します

　前課税期間以前に貸倒処理していた債権11,235,000円（すべて令和元年10月１日以後の取引に係るもの）を当課税期間に回収した。その内訳は次の【資料】のとおりである。当課税期間の控除過大調整税額を計算しなさい。

　なお、当社は当課税期間まで継続して課税事業者である。

【資料】

当課税期間の回収額	11,235,000円	
内訳：	①前課税期間に貸倒処理していた前課税期間の10月に発生した国内課税売上げに係る売掛金	378,000円
	②前々課税期間に貸倒処理していた国内課税売上げに係る売掛金	252,000円
	③前課税期間に貸倒処理していた貸付金	1,260,000円
	④前課税期間に貸倒処理していた建物（居住用）の売却に係る未収金	8,400,000円
	⑤前課税期間に貸倒処理していた輸出免税売上げに係る売掛金	945,000円

解　答

控除過大調整税額	640,309	円

解　説

　控除過大調整税額の処理は、回収した日の属する課税期間において行われるため、貸倒処理した時期は関係ありません。したがって、①、②がともに調整の対象となります。

　また、貸付金の貸付けは不課税取引に該当し、輸出免税取引は免税取引に該当するため、これらに係る債権である③、⑤については調整する必要はありません。

　①378,000円＋②252,000円＋④8,400,000円＝9,030,000円

　新税率

$$9,030,000円 \times \frac{7.8}{110} = 640,309円$$

Chapter

12

簡易課税

消費税の対象となる事業者の規模は大小様々です。経理に何人の携わっている大企業もあれば、個人で日々の業務から経理を行わなければならない小規模な事業者も存在します。

申告納税方式の消費税においては、事業者の誰もが自分で納付税額を計算しなければならないため、小規模の事業者に対しては複雑な計算ができないことを想定し、特例措置を設ける必要があります。

それがこの簡易課税制度です。

Section

簡易課税制度とは

これまで学習してきた仕入れに係る消費税額の控除の計算は、取引のうち課税仕入れに該当するものを抜き出し、さらに３つの区分に区分経理を行い…と、とても複雑で難しい計算を行ってきました。

消費税の納税義務者には様々な規模の事業者がおり、この複雑な計算を行えない事業規模の事業者に対し、この方法による申告・納付を求めることは困難といえます。

これから学習する簡易課税制度は、そんな事業規模が比較的小さな事業者に着目した特例です。

1 簡易課税制度とは

1．簡易課税制度

仕入れに係る消費税額を計算する場合、Chapter8で学習したように事業者の課税期間における課税仕入れ等をもとに複雑な計算が行われます。これは、規模の小さな中小事業者にとって煩雑な事務手続となります。

そこで、消費税法では一定規模以下の中小事業者に対しては、これまで学習した原則的な仕入れに係る消費税額の計算方法に代えて、課税標準額に対する消費税額のみから割合計算により仕入れに係る消費税額を計算できる簡易課税制度を認めています。

2．簡易課税制度の考え方

簡易課税制度では、仕入れに係る消費税額を、「課税標準額に対する消費税額」のみから計算[*01]します。具体的には、課税標準額に対する消費税額に業種ごとに定められている「みなし仕入率」という率を乗じて計算します。

このみなし仕入率とは、業種ごとの原価率のイメージです。

[*01] 今まで行ってきた原則の仕入れに係る消費税額の計算が、日々の仕入れを取引ごとに記帳し、売上原価を求める「三分法」の原価計算のイメージであるのに対し、簡易課税制度は、売上高に原価率を乗じて売上原価を求める「売価還元法」による原価計算のイメージとなります。

2 簡易課税制度の適用要件（法37①）

　課税事業者が、原則として以下の要件を2つとも満たした場合に簡易課税制度を適用することができます。

　①　前課税期間末までに「簡易課税制度選択届出書^{*01)}」を提出している。

　②　基準期間における課税売上高が5,000万円以下である。

　なお、簡易課税制度の適用が認められた場合には、原則的な仕入税額控除の計算を行うことはできなくなります。

*01）正式な名称は「消費税簡易課税制度選択届出書」です。

3 控除対象仕入税額の計算

　簡易課税制度を適用する場合、控除対象仕入税額は以下のように計算します。

$$\left(\begin{array}{c} 課税標準額に \\ 対する消費税額 \end{array} + \begin{array}{c} 貸倒回収に \\ 係る消費税額 \end{array} - \begin{array}{c} 売上に係る対価の \\ 返還等に係る消費税額 \end{array} \right) \times みなし仕入率$$

　上記の計算式のうち、みなし仕入率以外の項目は、すべてこれまでに学習したものです。したがって、簡易課税制度の論点では、みなし仕入率の計算がポイントとなります。

　次のSection以降では、みなし仕入率の求め方を中心に詳しく学習していきましょう。

みなし仕入率

簡易課税の計算にあたり、最も重要となるのは、みなし仕入率の算定です。
「簡易」という名称がついていますが、少し複雑な計算をしていきますので、計算の
意味をしっかりと理解しながら見ていきましょう。
また、業種ごとに様々な特徴がありますので、細かい点までしっかり確認しましょう。

1 みなし仕入率 (令57①⑤、基通13−2−1)

　消費税法では、6つの業種に区分し、それぞれにみなし仕入率を定め
ています。業種の区分とそれに対応するみなし仕入率は次のとおりです。

区　分	内　　　容	みなし仕入率
第1種事業	卸売業（おろしうり）	90％
第2種事業	小売業（こうり）並びに農業、林業若しくは漁業で飲食料品の譲渡を行うもの	80％
第3種事業	農業、林業、漁業（農業、林業及び漁業については第二種事業に該当するものを除く）、建設業、製造業等	70％
第4種事業	第一種から第三種、第五種、第六種以外の事業例）飲食店業、事業用固定資産の売却	60％
第5種事業	運輸通信業、金融保険業、サービス業（飲食店業以外）	50％
第6種事業	不動産業（第一種から第三種、第五種以外）	40％

2 各事業区分の詳細

1．第1種事業と第2種事業

第一種事業には卸売業が、第二種事業には小売業などが該当します。

どちらも、他の者から購入した商品をその性質及び形状を変更しないで販売する（例えば箱詰めをするなどは、変更しないで販売するとなります。）事業である点は共通しています。

しかし、第一種事業は他の事業者に対して販売する事業であるのに対し、第二種事業は第一種事業に該当しない事業、通常は消費者に対して販売する事業である点が異なります。

2．第3種事業（基通13－2－5、13－2－6）

第三種事業として具体的に列挙されている事業は、次のとおりです。
①農業 ②林業 ③漁業 ④鉱業 ⑤建設業 ⑥製造業（製造した棚卸資産を小売する事業を含む) ⑦電気業、ガス業、熱供給業及び水道業 ⑧新聞・書籍等の発行、出版事業

卸売業・小売業は仕入れた物品の加工を行わず、加工を伴う事業は第三種事業に該当します。

3．第5種事業（基通13－2－4）

第五種事業は、運輸通信業、金融保険業、サービス業（飲食店業を除く）のうち、第一種から第三種事業（卸売業、小売業、製造業等）に該当しない事業をいいます。

なお、第五種事業に該当する事業には、次のような事業が該当します。
①情報通信業 ②運輸業、郵便業 ③不動産業、物品賃貸業④学術研究、専門・技術サービス業 ⑤宿泊業⑥生活関連サービス業、娯楽業 ⑦ 教育、学習支援業⑧医療、福祉 ⑨複合サービス事業 ⑩金融業、保険業⑪他に分類されないサービス業

4．第6種事業

第一種から第三種、第五種以外の不動産業をいいます。

5．第4種事業（基通13－2－7、13－2－8の3、13－2－9）

第四種事業は第一種事業、第二種事業、第三種事業、第五種事業、第六種事業のどれにも該当しない事業が該当し、例えば次のような事業が該当します。
①飲食店業 ② 事業用固定資産の売却 ③材料の支給を受けて外注加工を行う事業等

3 具体的な計算方法

簡易課税の計算にあたり、最も重要となるのは、みなし仕入率の算定です。
「簡易」という名称がついていますが、少し複雑な計算をしていきますので、計算の
意味をしっかりと理解しながら見ていきましょう。

また、業種ごとに様々な特徴がありますので、細かい点までしっかり確認しましょう。

1 1種類の事業のみを営む事業者の場合　　　3 級

　第一種事業から第六種事業のうち、いずれか一種類の事業だけを営ん
でいる場合は、その営む事業のみなし仕入率を使って控除対象仕入れ税
額の計算をします。

$$\left(\begin{array}{l}\text{課税標準額に}\\\text{対する消費税額}\end{array} + \begin{array}{l}\text{貸倒回収に}\\\text{係る消費税額}\end{array} - \begin{array}{l}\text{売上に係る対価の}\\\text{返還等に係る消費税額}\end{array}\right) \times \text{みなし仕入率}$$

設問1　　　　　　　　　　　　　　簡易課税制度における控除対象仕入税額の計算

　次の【資料】から、衣料品販売業を営む当社の当課税期間における納付税額を計算しなさい。なお、
当課税期間においては簡易課税制度が適用されるものとし、みなし仕入率は80％とする。また、当
社は税込経理方式を採用しており、設立以来課税事業者に該当する。

【資料】

(1) 課税売上高（すべて衣料品の販売による売上げ）　　　46,300,000円

(2) 償却債権取立益　　　　　　　　　　　　　　　　　　160,000円

　　（前課税期間において貸倒処理していた令和元年12月発生の売掛金の回収額である。）

(3) 当課税期間の売上げに係る対価の返還等　　　　　　　412,000円

(4) 課税標準額に対する消費税額は、割戻し計算の方法による。

解 答

納付税額　　　　　　　　653,000　　　円

(1) 課税標準額

$$46,300,000 円 \times \frac{100}{110} = 42,090,909 円 \rightarrow 42,090,000 円 （1,000円未満切捨）$$

(2) 課税標準額に対する消費税額

$$42,090,000 円 \times 7.8\% = 3,283,020 円$$

(3) 貸倒れ回収に係る消費税額

$$160,000 円 \times \frac{7.8}{110} = 11,345 円$$

(4) 売上げに係る対価の返還等に係る消費税額

$$412,000 円 \times \frac{7.8}{110} = 29,214 円$$

(5) 控除対象仕入税額

$$(3,283,020 円 + 11,345 円 - 29,214 円) \times 80\% = 2,612,120 円$$

(6) 控除税額小計

$$29,214 円 + 2,612,120 円 = 2,641,334 円$$

(7) 差引税額

$$3,283,020 円 + 11,345 円 - 2,641,334 円 = 653,031 円 \rightarrow 653,000 円 （100円未満切捨）$$

(8) 納付税額

653,000 円

　簡易課税制度を適用している事業者は、課税資産の譲渡等に該当する各取引を6つの区分に分類します。

　例えば、卸売業を営む事業者は、基本的に第一種事業に分類される取引が多くを占めますが、消費者に対しても販売していればその取引は第二種事業に該当しますし、期中に事業用固定資産を売却していれば、その取引は第四種事業に該当します。

　このような事業者のみなし仕入率は、原則として、それぞれの課税売上げに対応する事業区分ごとのみなし仕入率を、全体の課税売上げに対する割合に応じて計算します。

$$\frac{みなし}{仕入率} = \frac{A \times 90\% + B \times 80\% + C \times 70\% + D \times 60\% + E \times 50\% + F \times 40\%}{A + B + C + D + E + F}$$

　A…第一種事業の課税売上げに係る消費税額

　B…第二種事業の課税売上げに係る消費税額

　C…第三種事業の課税売上げに係る消費税額

　D…第四種事業の課税売上げに係る消費税額

　E…第五種事業の課税売上げに係る消費税額

　F…第六種事業の課税売上げに係る消費税額

$$\text{各事業の課税売上げに係る消費税} = \text{各事業の課税売上げ} \times \frac{7.8}{110} - \text{各事業の売上げに係る対価の返還等} \times \frac{7.8}{110}$$

以下に示した各事業区分の課税売上げに係る消費税額から、みなし仕入率を計算しなさい。

	課税売上げに係る消費税額
第一種事業	580,000円
第二種事業	960,000円
第三種事業	720,000円
第四種事業	1,100,000円
第五種事業	240,000円
第六種事業	400,000円
合計	4,000,000円

解　答

みなし仕入率　　　　　　　　0.6835

解　説

$$\frac{580,000円 \times 90\% + 960,000円 \times 80\% + 720,000円 \times 70\% + 1,100,000円 \times 60\% + 240,000円 \times 50\% + 400,000円 \times 40\%}{4,000,000円}$$

$$= \frac{2,734,000円}{4,000,000円} = 0.6835$$

　以下の【資料】から、当課税期間における納付税額を計算しなさい。なお、当課税期間は簡易課税制度が適用されるものとする。また、当社は税込経理を採用しており、軽減税率が適用される取引は含まれていない。

【資料】

　(1)　当課税期間における課税総売上高は42,130,000円であるが、その内訳は次のとおりである。

　　　①　卸売業に係る売上高　　　　　　　17,380,000円

　　　②　小売業に係る売上高　　　　　　　24,750,000円

　(2)　上記(1)の①に係る売上値引高　　　　880,000円

　(3)　課税標準額に対する消費税額は、割戻し計算の方法による。

解　答

納付税額　　　　　　　　468,000　　　円

(1)　課税標準額

$42{,}130{,}000 円 \times \dfrac{100}{110} = 38{,}300{,}000 円$（1,000円未満切捨）

(2)　課税標準額に対する消費税額

$38{,}300{,}000 円 \times 7.8\% = 2{,}987{,}400 円$

(3)　控除対象仕入税額

① 　各事業に係る消費税額

イ 　第1種事業に係る消費税額

ⅰ 　総売上高に基づく消費税額

$17{,}380{,}000 円 \times \dfrac{100}{110} = 15{,}800{,}000 円$

$15{,}800{,}000 円 \times 7.8\% = 1{,}232{,}400 円$

ⅱ 　返還等対価に係る税額

$880{,}000 円 \times \dfrac{7.8}{110} = 62{,}400 円$

ⅲ 　第1種事業に係る消費税額

$1{,}232{,}400 円 - 62{,}400 円 = 1{,}170{,}000 円$

ロ 　第2種事業に係る消費税額

$24{,}750{,}000 円 \times \dfrac{100}{110} = 22{,}500{,}000 円$

$22{,}500{,}000 円 \times 7.8\% = 1{,}755{,}000 円$

ハ 　合計

$1{,}170{,}000 円 + 1{,}755{,}000 円 = 2{,}925{,}000 円$

② 　みなし仕入率

$\dfrac{1{,}170{,}000 円 \times 90\% + 1{,}755{,}000 円 \times 80\%}{2{,}925{,}000 円} = 0.84$

③ 　控除対象仕入税額

$(2{,}987{,}400 円 - 62{,}400 円) \times 0.84 = 2{,}457{,}000 円$

(4)　返還等対価に係る消費税額

62,400円

(5)　控除税額小計

$2{,}457{,}000 円 + 62{,}400 円 = 2{,}519{,}400 円$

(6)　差引税額

$2{,}987{,}400 円 - 2{,}519{,}400 円 = 468{,}000 円$（100円未満切捨）

(7)　納付税額

468,000円

3 2種類以上の事業を営む場合の特例計算 〔2級〕

1. 75％ルールの概要

みなし仕入率については、課税売上げを事業ごとに区分した上で加重平均により求めた割合を適用するのが原則でした。

しかし、6つに区分した課税売上げの総額のうち、**特定1事業又は2事業の課税売上げの占める割合が高い場合**、加重平均したみなし仕入率を用いず、その特定1事業又は2事業のみなし仕入率のみを使って計算できるという特例があります[*01]。

具体的には、**特定1事業又は2事業の課税売上げの合計が「全体の課税売上げの75％以上を占める場合」**をいいます。

なお、この特例が認められるか否かを判定するための課税売上げは税抜金額を用います。したがって、各事業の課税売上げを用いて割合を求める際には、以下のような計算を行って税抜金額を求める必要があります[*02]。

$$\begin{array}{l}\text{各事業の課税}\\\text{売上げ（税抜）}\end{array} = \begin{array}{l}\text{各事業の課税}\\\text{売上げ（税込）}\end{array} \times \frac{100}{110} - \begin{array}{l}\text{各事業の売上}\\\text{返還等（税込）}\end{array} \times \frac{100}{110}$$

2. 特定1事業が全体の75％以上である場合（令57③一）

2以上の事業を営む事業者で、**特定1事業の課税売上高が全体の75％以上を占める事業者**については、その75％以上を占める事業のみなし仕入率をその事業者の課税売上げに係る消費税全体に対して適用することができます[*03]。つまり、**すべての課税売上げが75％以上を占める特定1事業に区分されるものとして計算する**ことになります。

全体の75％以上を占める特定1事業	⇒ すべて特定1事業の事業区分のみなし仕入率を適用
上記以外の事業	

〈具体例〉

	課税売上高	
第1種事業	40,000 （ 8％）	
第2種事業	20,000 （ 4％）	
第3種事業	400,000 （80％）	⇒ 75％以上 特定1事業
第4種事業	15,000 （ 3％）	
第5種事業	20,000 （ 4％）	
第6種事業	5,000 （ 1％）	
合計	500,000	

すべてに70%を適用

*01）原則どおりの加重平均したみなし仕入率を用いる計算も認められます。そのため試験では有利になる方を選択することになります。

*02）みなし仕入率を計算するときは各事業の課税売上げに係る消費税額を用いますが、75％ルールの判定では「税抜の課税売上げ」を用いますので、間違えないようにしましょう。

*03）ただし、特例計算を行うことにより控除対象仕入税額が少なくなって、事業者にとって不利となることも考えられます。この場合は、原則どおりに加重平均したみなし仕入率を選択して控除対象仕入税額を計算します。

以下の【資料】から、当課税期間における納付税額を計算しなさい。なお、当社の当課税期間は、簡易課税制度が適用されるものとする。また、当社は税込経理方式を採用しており、軽減税率が適用される取引は含まれていない。

【資料】

(1) 総売上高　　　34,000,000円

　　総売上高の内訳は次のとおりである。

　① 小売業の課税売上高　　　29,000,000円

　② 製造業の課税売上高　　　5,000,000円

(2) 売上値引　　　1,320,000円

　　売上値引の内訳は次のとおりである。

　① 小売業に係る売上値引　　　1,100,000円

　② 製造業に係る売上値引　　　220,000円

(3) 課税標準額に対する消費税額は、割戻し計算の方法による。

解　答

納付税額　　　　　　463,400　　　円

解　説

(1) 課税標準額

$34,000,000円 \times \dfrac{100}{110} = 30,909,090円 \rightarrow 30,909,000円$（1,000円未満切捨）

(2) 課税標準額に対する消費税額

$30,909,000円 \times 7.8\% = 2,410,902円$

(3) 返還等対価に係る税額

$1,320,000円 \times \dfrac{7.8}{110} = 93,600円$

(4) 控除対象仕入税額

① 課税売上高の割合による判定

イ 各事業に係る課税売上高

(a) 第2種事業

ⅰ 総売上高

$29,000,000円 \times \dfrac{100}{110} = 26,363,636円$

ⅱ 返還等対価の額

$1,100,000円 \times \dfrac{100}{110} = 1,000,000円$

ⅲ 課税売上高

$ⅰ - ⅱ = 25,363,636円$

(b)　第 3 種事業

　　　　ⅰ　総売上高

$$5,000,000 円 \times \frac{100}{110} = 4,545,454 円$$

　　　　ⅱ　返還等対価の額

$$220,000 円 \times \frac{100}{110} = 200,000 円$$

　　　　ⅲ　課税売上高

$$ⅰ - ⅱ = 4,345,454 円$$

　　(c)　合計

$$(a) + (b) = 29,709,090 円$$

　ロ　判定（第 2 種事業）

$$\frac{イの(a)}{イの(c)} \geqq 75 \%$$

　　∴　特例の適用あり

② みなし仕入率

　イ　各事業に係る消費税額

　　(a)　第 2 種事業

$$26,363,636 円 \times 7.8 \% - 1,100,000 円 \times \frac{7.8}{110} = 1,978,363 円$$

　　(b)　第 3 種事業

$$4,545,454 円 \times 7.8 \% - 220,000 円 \times \frac{7.8}{110} = 338,945 円$$

　　(c)　合計

$$(a) + (b) = 2,317,308 円$$

　ロ　みなし仕入率

　　(a)　原則

$$\frac{(注) \ 1,819,951 円}{2,317,308 円}$$

　　　(注)　イの(a)1,978,363 円 × 80 % + イの(b)338,945 円 × 70 % = 1,819,951 円

　　(b)　特例

　　　　80 %

③ 控除対象仕入税額

　イ　原則

$$(2,410,902 円 - 93,600 円 = 2,317,302 円) \times \frac{1,819,951 円}{2,317,308 円} = 1,819,946 円$$

　ロ　特例

$$2,317,302 円 \times 80 \% = 1,853,841 円$$

　ハ　判定

　　イ ＜ ロ　　∴　1,853,841 円

(5)　控除税額小計

$$93,600 円 + 1,853,841 円 = 1,947,441 円$$

(6)　差引税額

$$2,410,902 円 - 1,947,441 円 = 463,461 円 \rightarrow 463,400 円 （100 円未満切捨）$$

(7)　納付税額

　　463,400 円

3. 特定2事業の課税売上げの合計が全体の75％以上の場合（令57③二）

　3以上の事業を営む事業者で、**特定2事業の課税売上高の合計額が全体の75％以上を占める事業者**については、全体の75％以上を占める特定2事業のうち、みなし仕入率の高い方の事業についてはその業種のみなし仕入率を使って計算し、残りの事業についてはすべて特定2事業のうちみなし仕入率の低い方の事業のみなし仕入率を使って原則と同じ方法で計算することができます。

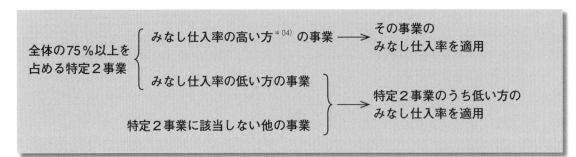

〈具体例〉

	課税売上高	消費税額	みなし仕入率の
第1種事業	35,000（35％）	2,730	⇨ 高い方
第2種事業	10,000（10％）	780	
第3種事業	45,000（45％）	3,510	⇨ 低い方
第4種事業	7,000（7％）	546	
第5種事業	2,000（2％）	156	
第6種事業	1,000（1％）	78	
合計	100,000	7,800	

*04）特定2事業のうち金額の多い事業ではなく、みなし仕入率の高い事業です。

第1種以外のすべての業種に70％を適用

〈特定2事業の課税売上げの合計が75％以上の場合のみなし仕入率〉

$$\frac{\text{みなし仕入率の高い方の事業(A)の課税売上げに係る消費税額} \times \text{(A)のみなし仕入率} + \left(\text{全体の課税売上げに係る消費税額} - \text{みなし仕入率の高い方の事業の課税売上げに係る消費税額}\right) \times \text{みなし仕入率の低い方の事業のみなし仕入率}}{\text{全体の課税売上げに係る消費税額}}$$

$$\frac{2,730円 \times 90\％ + (7,800円 - 2,730円) \times 70\％}{7,800円} = \frac{6,006円}{7,800円} = 0.77$$

以下の【資料】から、当課税期間における納付税額を計算しなさい。なお、当社の当課税期間は、簡易課税制度が適用されるものとする。また、当社は税込経理方式を採用しており、軽減税率が適用される取引は含まれていない。

【資料】

(1) 総売上高　　　42,910,000円

　　総売上高の内訳は次のとおりである。

　① 第1種事業の課税売上高　　　14,000,000円

　② 第2種事業の課税売上高　　　21,400,000円

　③ 第5種事業の課税売上高　　　 7,510,000円

(2) 課税標準額に対する消費税額は、割戻し計算の方法による。

解　答

納付税額	509,200	円

解　説

(1) 課税標準額

$$42,910,000円 \times \frac{100}{110} = 39,009,090円 \rightarrow 39,009,000円 （1,000円未満切捨）$$

(2) 課税標準額に対する消費税額

$$39,009,000円 \times 7.8\% = 3,042,702円$$

(3) 控除対象仕入税額

① 課税売上高の割合による判定

イ　各事業に係る課税売上高

(a) 第1種事業

$$14,000,000円 \times \frac{100}{110} = 12,727,272円$$

(b) 第2種事業

$$21,400,000円 \times \frac{100}{110} = 19,454,545円$$

(c) 第5種事業

$$7,510,000円 \times \frac{100}{110} = 6,827,272円$$

(d) 合計

(a) + (b) + (c) = 39,009,089円

ロ　判定（第1種事業、第2種事業）

$$\frac{イの(a) + イの(b)}{イの(d)} \geqq 75\%$$

∴　特例の適用あり

② みなし仕入率
  イ 各事業に係る消費税額
    (a) 第1種事業
        $12{,}727{,}272 円 \times 7.8 \% = 992{,}727 円$
    (b) 第2種事業
        $19{,}454{,}545 円 \times 7.8 \% = 1{,}517{,}454 円$
    (c) 第5種事業
        $6{,}827{,}272 円 \times 7.8 \% = 532{,}527 円$
    (d) 合計
        $(a)+(b)+(c)= 3{,}042{,}708 円$
  ロ みなし仕入率
    (a) 原則
        $\dfrac{(注)\ 2{,}373{,}680 円}{3{,}042{,}708 円}$
        (注) イの(a)$992{,}727 円 \times 90 \% +$ イの(b)$1{,}517{,}454 円 \times 80 \% +$ イの(c)$532{,}527 \times 50 \%$
            $= 2{,}373{,}680 円$
    (b) 特例
        $\dfrac{(注)\ 2{,}533{,}438 円}{3{,}042{,}708 円}$
        (注) イの(a)$992{,}727 円 \times 90 \% +$ （$3{,}042{,}708 円 - 992{,}727 円$） $\times ^{*01)}80 \% = 2{,}533{,}438 円$
③ 控除対象仕入税額
  イ 原則
     $3{,}042{,}702 円 \times \dfrac{2{,}373{,}680 円}{3{,}042{,}708 円} = 2{,}373{,}675 円$
  ロ 特例
     $3{,}042{,}702 円 \times \dfrac{2{,}533{,}438 円}{3{,}042{,}708 円} = 2{,}533{,}433 円$
  ハ 判定
     イ ＜ ロ　　∴　2,533,433円
(4) 差引税額
   $3{,}042{,}702 円 - 2{,}533{,}433 円 = 509{,}269 円 \rightarrow 509{,}200 円$ （100円未満切捨）
(5) 納付税額
   509,200円

---

*01) 特定2事業のうち、みなし仕入率の高い第1種事業に係る消費税額は、第1種事業のみなし仕入率90％を乗じます。残りの事業に係る消費税額は、すべて特定2事業のうちみなし仕入率の低い第2種事業のみなし仕入率80％を乗じます。

Chapter

13

申告・納付

このChapterでは、税法特有の論点である申告などの手続きについて見ていきます。

申告関係の規定の基本となる確定申告について確認していきます。

ここまで学習してきた国内取引の消費税はChapter 2で学習したように申告納税方式の税金であるため、事業者が支払うべき消費税額は確定申告により確定されます。

税額の確定とは、国に対する租税という債務の確定であるため、確定申告は申告納税方式のもとでは重要な意味を持ちます。

ここでは、確定申告制度の具体的な内容について見ていきましょう。

1 確定申告制度の概要（法45①）

国内取引に係る消費税について課税事業者は、課税期間ごとに、その**課税期間の末日の翌日から2ヵ月以内**に税務署長に対して確定申告書を提出しなければなりません*01)。

ただし、国内における**課税資産の譲渡等（輸出免税取引等を除く）** *02) がなく、かつ、**差引税額がない***03) 課税期間については、提出義務はありません。

> **消費税法〈確定申告〉**
> 第45条①　事業者（免税事業者を除く。）は、課税期間ごとに、その課税期間の末日の翌日から2月以内に、課税標準額等一定の事項を記載した申告書を税務署長に提出しなければならない。ただし、国内における課税資産の譲渡等がない場合等一定の場合に該当し、かつ、確定消費税額がない課税期間については、この限りでない。

*01) 申告納税方式を採用しているため、納税者自らが税額を計算し、申告書を税務署長に提出します。

*02) 「課税資産の譲渡等（輸出免税取引等を除く）」とは、7.8％課税となる課税取引のことです。

*03) 「差引税額がない」とは、課税標準額に対する消費税額から控除税額を控除した金額がマイナスとなる場合です。この場合には、このマイナスの金額を差引税額とは呼ばず「控除不足還付税額」と呼びます。

2 確定申告書の提出

1. 提出義務者

確定申告書を提出する義務を負う者は課税事業者です。

ただし、一課税期間において、国内における**課税資産の譲渡等***01) がなく、かつ、**差引税額がない**課税期間については、事業者は確定申告書を提出する必要はありません。

また、免税事業者も確定申告書を提出する必要はありません。

*01) 輸出免税取引等などは除きます。

	7.8％課税売上げあり 差引税額あり	7.8％課税売上げあり 差引税額なし	7.8％課税売上げなし 差引税額なし
課税標準額に対する消費税額	100	100	0
控除税額小計	80	120	120
差引税額	20	0	0
控除不足還付税額	0	20	120

申告義務なし

2．提出期限

（1）原則

　　原則として$*02$、確定申告書の提出義務を負う課税事業者は、課税期間ごとに、その**課税期間の末日の翌日から2ヵ月以内**に税務署長に対して確定申告書を提出しなければなりません。

＊02）提出期限については特例が存在します。詳しくは1級で学習します。

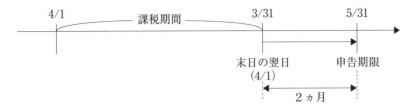

（2）個人事業者の場合の特例（措法86の4①）

　　個人事業者（免税事業者を除く）の、その年の12月31日の属する課税期間に係る確定申告書の提出期限は、**その年の翌年3月31日**となっています$*03$。

＊03）暦年で考える点に注意しましょう。

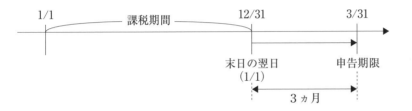

3．添付書類（法45⑤）

　　確定申告書には、その課税期間中の**資産の譲渡等の対価の額**$*04$及び**課税仕入れ等の税額の明細**その他の事項を記載した書類を添付しなければなりません。

＊04）添付書類は、課税売上割合や控除対象仕入税額が正しく計算されているのかを確認する目的で添付する書類であるため、課税売上げだけでなく非課税売上げも含めた「資産の譲渡等の対価の額」の明細を記載する必要があります。

3 納付（法49）

　　確定申告書を提出した者は、その申告書に記載した差引税額（中間申告による中間納付額がある場合には納付税額）があるときは、その**申告書の提出期限**までに、その消費税額を国（税務署）に納付しなければなりません。

4 還付（法52①、法53①）

　　確定申告書の提出があった場合において、その申告書に**控除不足還付税額又は中間納付還付税額**の記載があるときは、**税務署長**は、これらの申告書を提出した者に対し、その不足額に相当する消費税を還付します$*01$。

＊01）確定申告義務がある場合で控除不足還付税額や中間納付還付税額が出るケースです。
詳しくは上記2を参照して下さい。

課税事業者は、原則として課税期間の末日の翌日から2ヵ月以内に確定申告書を提出し、その申告に係る消費税を納付しなければなりません。

これに加えて、一定の条件に該当する場合には、課税期間開始の日以後一定の各期間につき中間申告が必要になります。

この中間申告について見ていきましょう。

1 中間申告制度の趣旨

　資産の譲渡等に係る消費税は、その取引が行われた際（売り上げて消費税を預かったとき）納税義務が発生します。しかし、実際に消費税が納付されるのは、確定申告書を提出する時で、事業者は申告までの間、納付すべき税金を使って取引をすることができます[*01]。

　また、国の財政面では確定申告時まで消費税を納付してもらえないのは、税収が不安定となります。

　このようなことから、中間申告制度が設けられています。

*01) 例えば規模の大きな事業者には多額の消費税が集まるため、本来預り金である消費税で資金運用ができてしまうのです。

2 中間申告書の提出義務

1. 適用対象者

　中間申告書の提出義務があるのは課税事業者に限られ、**免税事業者については、申告義務はありません。**

2. 提出義務

　中間申告書の提出義務の有無は、**直前の課税期間の確定消費税額を基準に判定し**[*01]、判定された区分ごとに中間申告書を提出しなければなりません。なお、この**中間申告の計算の対象となる期間を中間申告対象期間**といい、その年又は事業年度のうち最後の期間は、確定申告を行うため除かれます。

*01) 下の表の①～④を指します。

直前の課税期間の確定消費税額	中間申告書の提出義務	
① 年間4,800万円超	一月中間申告	1ヵ月ごと年11回[*02]
② 年間400万円超4,800万円以下	三月中間申告	3ヵ月ごと年3回[*03]
③ 年間48万円超400万円以下	六月中間申告	6ヵ月ごと年1回[*04]
④ 年間48万円以下	中間申告不要[*05]	

*02) 12回目は確定申告です。

*03) 4回目は確定申告です。

*04) 2回目は確定申告です。

*05) 届出をすることで中間申告をすることが可能です（任意中間申告）。

3 中間申告書の提出期限

1．一月中間申告

一月中間申告の場合、原則として**一月中間申告対象期間の末日の翌日から2ヵ月以内**が中間申告書の提出期限です。

ただし、法人では、課税期間の開始から1ヵ月目（例えば12月決算法人の場合は1月末日）に関する中間申告書の提出期限が2ヵ月目の提出期限（例えば12月決算法人の場合は4月末日）まで延長されています。

また、個人事業者でも、課税期間の開始から2ヵ月目（2月末日）までの中間申告書の提出期限が3ヵ月目の提出期限（5月末日）まで延長されています。

(1) 法人の場合*01)

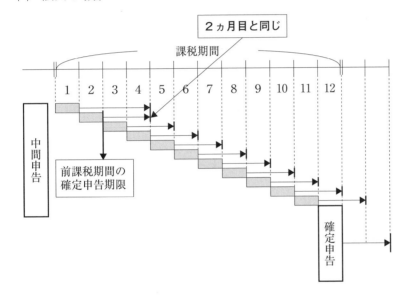

*01）課税期間開始の日から2ヵ月間は確定日（原則として中間申告対象期間の末日）がその開始の日から2月経過する日（前課税期間の消費税額が確定してないことが考えられているため）とされているため、これに合わせて申告期限も延長されています。
申告期限は各中間申告対象期間の確定日から2ヵ月以内と押さえて下さい。

(2) 個人事業者の場合*02)

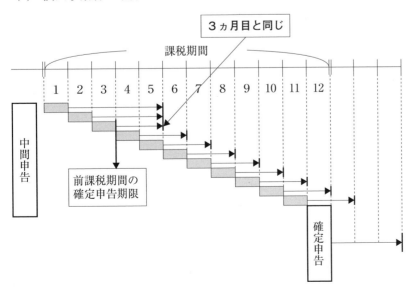

*02）法人の場合と同様に課税期間開始の日から3ヵ月間は確定日がその課税期間開始の日から3月を経過する日とされているため、これに合わせて申告期限も延長されています。

2．三月中間申告

　三月中間申告の場合の提出期限は、**三月中間申告対象期間の末日の翌日から2ヵ月以内**です。

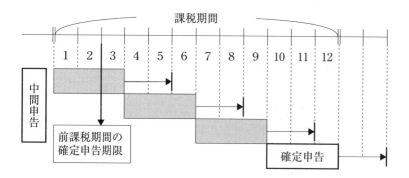

3．六月中間申告

　六月中間申告の場合の提出期限は、**六月中間申告対象期間の末日の翌日から2ヵ月以内**です。

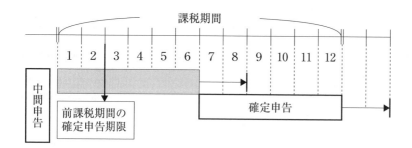

4 中間申告による納付（法48）

　中間申告書を提出した者は、中間申告書に記載した金額があるときは、その申告書の**提出期限**までにその消費税額を**国**に納付しなければなりません。

Section 3 還付を受けるための申告 〔2級〕

Section 1 で確定申告について学習しましたが、確定申告書の提出義務がない課税事業者についても任意の申告書の提出により、還付を受けられることとしています。ここでは、その任意申告である『還付を受けるための申告』について学習していきましょう。

1 還付を受けるための申告の概要（法46①）

課税事業者は、原則として、その課税期間分の消費税について確定申告を行う義務がありますが、一定の要件に該当する者は、課税事業者であっても申告の義務は生じません。

しかし、この申告義務のない者は、通常消費税の還付を受けることができる者であるため、**還付を受けるための申告書（任意による還付申告書）**の提出が認められています。

> **消費税法〈還付を受けるための申告〉**
> 第46条① 事業者（免税事業者を除く。）は、その課税期間分の消費税につき控除不足還付税額又は中間納付還付税額がある場合には、申告書を提出すべき義務がない場合においても、これらの還付を受けるため、前条第1項各号（確定申告書の記載事項）に掲げる事項を記載した申告書を税務署長に提出することができる。

2 還付を受けるための申告書の提出

1．適用対象者

還付を受けるための申告書の提出ができるのは、**確定申告書の提出義務がない課税事業者**です[*01]。この提出により、**控除不足還付税額又は中間納付還付税額**の還付を受けることができるようになります[*02]。

なお、免税事業者に関しては、そもそも申告の対象者から除外されているため、還付を受けられるケースに該当していたとしても、申告書を提出することはできず、還付を受けることもできません[*03]。

[*01] 課税事業者のうち、国内における課税資産の譲渡等（輸出免税取引等を除く）がなく、かつ、差引税額がない者をいいます。確定申告をしている課税事業者はもともと還付を受けられます。

[*02] 還付を受けるための申告は任意の申告であるため、申告期限はありません。

[*03] 免税事業者が控除不足額の還付を受けるためには事前に「課税事業者の選択」により、課税事業者になっておく必要があります。

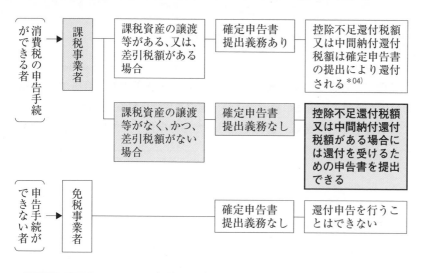

＊04）Section 1 で学習済みです。

課税標準額に対する消費税額		0
控除税額	控 除 対 象 仕 入 税 額	1,850
	返 還 等 対 価 に 係 る 税 額	100
	貸 倒 れ に 係 る 税 額	50
	控 除 税 額 小 計	2,000
差 引 税 額		－
控 除 不 足 還 付 税 額		2,000
中 間 納 付 税 額		500
納 付 税 額		－
中 間 納 付 還 付 税 額		500

具体的には、左記のようなケースです。この場合、申告をすることにより控除不足還付税額の2,000と中間納付還付税額の500の還付を受けることができます。

２．添付書類（法46③）

　還付を受けるための申告書には、その課税期間中の**資産の譲渡等の対価の額**及び**課税仕入れ等の税額の明細**その他の事項を記載した書類を添付しなければなりません。

３ 還付を受けるための申告による還付

　税務署長は、還付を受けるための申告書に記載された還付税額を、その申告書の提出者に還付します。

Chapter

14

納税地

運転免許の更新やパスポートの申請など、国の行政に関する手続きについては、戸籍や住所などにより管轄となる機関が定められています。税務申告に関しても、トップを国税庁としたピラミッド型の組織の中に納税者それぞれの所轄税務署が定められています。ここでは、その所轄税務署がどのようなルールで定められているのかを確認していきましょう。

Section

1 納税地

納税地

納税地とは、租税に関して納税者と課税者との間の法律関係の所轄官庁を定める際の基準となる場所をいいます。この納税地の決定により、申告、申請、請求、届出や納付等の諸手続を行う税務署や税関が決まります。

まず、国内取引に係る納税地について見ていきましょう。

1 個人事業者の納税地

1. 原則（法20）　3 級

　個人事業者の資産の譲渡等に係る消費税の納税地は、次に掲げる場所とします。

国内に住所*01)を有する場合	その**住所地**
国内に住所を有せず、居所*02)を有する場合	その**居所地**
国内に住所及び居所を有せず、国内にその事業に係る事務所等*03)を有する場合	その**事務所等の所在地**
上記以外	一定の場所

*01) 住所とは、各人の生活の本拠地をいいます。（基通2－1－1）

*02) 居所とは、住所以外の場所で、多少の期間は継続して居住していても、生活の本拠といえるまでには至らない場所をいいます。

*03) 事務所等とは、事務所、事業所その他これらに準ずるものをいい、工場、農園、貸ビル又は事業活動の拠点となっているホテルの一室等名称のいかんを問わず、資産の譲渡等に係る事業を行う一定の場所をいいます。（基通2－1－2）

北海道に住んでます

日本に来た時は東京にいます

住所地

居所地

住所も居所も無いですが日本に事務所があります

事務所等の所在地

2. 特例：納税地の選択（法21①②）　2 級

　個人事業者の消費税の納税地については、原則として上記のようになっていますが、納税手続の利便性を高めるために、納税地の選択が認められています。

　すなわち、個人事業者の消費税の納税地は、**原則に定める３つの場所を納税者の任意で選択**できることとなります。

　なお、納税地の特例の適用を受けようとする場合には、所得税法の規定による届出書を提出する必要があります。

国内に住所のほか、居所を有する場合	住所地に代えて、居所地
国内に住所のほか、事務所等を有する場合	住所地に代えて、事務所等の所在地
国内に居所のほか、事務所等を有する場合	居所地に代えて、事務所等の所在地

2 法人の納税地 〔3級〕

1．原則（法22）

法人の資産の譲渡等に係る消費税の納税地は、次に掲げる場所とします。

内国法人 *01)	その**本店**又は**主たる事務所**の所在地
外国法人 *02) で国内に事務所等を有する法人	その事務所所等の所在地 （その事務所等が2以上ある場合には、主たるものの所在地）
上記以外	一定の場所

*01）内国法人とは、国内に本店又は主たる事務所を有する法人をいいます。

*02）外国法人とは、内国法人以外の法人をいいます。

法人の消費税の納税地については、**個人事業者と異なり納税地の選択**がありません。

本店又は主たる事務所の所在地

事務所等の所在地

1. 納税地の指定（法23①②）

　個人事業者又は法人の行う資産の譲渡等の状況からみて、その資産の譲渡等に係る消費税の納税地として不適当であると認められる場合[*01]には、その納税地を所轄する**国税局長又は国税庁長官**[*02]は、これらの規定にかかわらず、その資産の譲渡等に係る**消費税の納税地を指定する**ことができます。

　なお、国税局長又は国税庁長官は、消費税の納税地を指定したときは、その個人事業者又は法人に対し、**書面によりその旨を通知**します。

*01) 例えば、個人事業者又は法人が納税地として届け出ている場所にその者の事業の実態がない場合等が該当します。

*02) 税務署長による納税地の指定はできません。

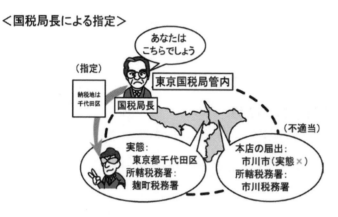

4 納税地の異動の届出 (法25) 〔2級〕

　納税地に異動があった場合には、遅滞なく、その**異動前**の納税地を所轄する税務署長に納税地異動届出書によりその旨を届け出なければなりません。

5 外国貨物に係る納税地 (法26) 〔3級〕

　保税地域から引き取られる外国貨物に係る消費税の納税地は、その**保税地域の所在地**とします[*01]。

*01) 外国貨物に係る消費税の申告は、外国貨物の引取時に税関において行うため、住所地ではなく、貨物を引き取る保税地域の所在地となることに注意しましょう。

巻　末　付　録

申告書、届出申請等の様式サンプル集

本書各 Chapter に出てきた申告書や届出書の様式を集めました。
実物の記載事項をみて、もう一度、本文を読み直すことで規定の理解度が UP します。各様式のタイトル部分に記載されているページのリンクを確認し、テキスト本文を確認してみましょう。

1 消費税確定申告書（一般用）

「還付を受けるための申告」や「仮決算の場合の中間申告書」としても
使用することができます。

ch13

第27－（1）号様式

令和 5 年 5 月 28日
（収受印）

神田　税務署長殿

納 税 地	東京都千代田区神田錦町3-23-14
	（電話番号　03 － 6823 － 6459 ）
（フリガナ）	ネットスクールショウカイカブシキガイシャ
名 称 又は屋号	ネットスクール商会株式会社
（フリガナ）	クワバラ トモユキ
代表者氏名 又は氏名	桑原 知之　　　　　　　㊞
経理担当者 氏 名	田中 健二

※税務署処理欄

一 連 番 号
翌年以降送付不要 ○
所属　要否　整理番号
申告年月日　平成　　年　　月　　日
申告区分　指導等　庁指定　局指定
通信日付印　確認印　省略　年　月　日
平成　　年　　月　　日　　　　　年　　月　　日
指導　年　月　日　相談 区分1 区分2 区分3
平成

OCR入力用（この用紙は機械で読み取ります。折ったり汚したりしないでください。）

自 令和 04 年 04 月 01 日
至 令和 05 年 03 月 31 日

課税期間分の消費税及び地方
消費税の（　確定　）申告書

中間申告 自 令和
の場合の
対象期間 至 令和

資産の譲渡等の時期の特例を適用する場合の付記はここで行います。

平成○年○月○日以後終了課税期間分（一般用）

この申告書による消費税の税額の計算

		十兆千百十億千百十万千百十一円	
課税標準額	①	2 9 1 6 6 0 0 0	03
消 費 税 額	②	2 2 7 4 9 4 8	06
控除過大調整税額	③		07
控除税額 控除対象仕入税額	④	1 4 3 5 4 8 7	08
返還等対価に係る税額	⑤		09
貸倒れに係る税額	⑥		10
控除税額小計（④+⑤+⑥）	⑦	1 4 3 5 4 8 7	11
控除不足還付税額（⑦-②-③）	⑧		13
差 引 税 額（②+③-⑦）	⑨	8 3 9 4 0 0	15
中間納付税額	⑩	0 0	16
納 付 税 額（⑨-⑩）	⑪	8 3 9 4 0 0	17
中間納付還付税額（⑩-⑨）	⑫	0 0	18
この申告書が修正申告である場合 既確定税額	⑬		19
差引納付税額	⑭	0 0	20
課税売上 課税資産の譲渡等の対価の額	⑮	3 4 1 6 6 6 6 6	21
割 合 資産の譲渡等の対価の額	⑯	3 7 1 6 6 6 6 6	22

この申告書による地方消費税の税額の計算

地方消費税の課税標準となる消費税額 控除不足還付税額（⑧）	⑰		51
差引税額（⑨）	⑱	地方消費税は、国税の税額を課税標準とし、これに $\frac{22}{78}$ を乗じて求めます。 8 3 9 4 0 0	52
譲渡割額 還付額（⑰×%）	⑲		53
納税額（⑱×%）	⑳	2 3 6 7 0 0	54
中間納付譲渡割額	㉑	0 0	55
納付譲渡割額（⑳-㉑）	㉒	2 3 6 7 0 0	56
中間納付還付譲渡割額（㉑-⑳）	㉓	0 0	57
この申告書が修正申告である場合 既確定譲渡割額	㉔		58
差引納付譲渡割額	㉕	0 0	59
消費税及び地方消費税の合計（納付）税額	㉖	1 0 7 6 1 0 0	60

国税と地方税の合計額で納付します。

㉖=（⑪+⑫）-（⑧+⑫+⑲+㉓）・修正申告の場合⑭+㉕
㉖が還付税額となる場合はマイナス「-」を付してください。

付記事項・参考事項

割 賦 基 準 の 適 用	○ 有	○ 無	31
延 払 基 準 等 の 適 用	○ 有	○ 無	32
工 事 進 行 基 準 の 適 用	○ 有	○ 無	33
現 金 主 義 会 計 の 適 用	○ 有	○ 無	34
課税標準額に対する消費税額の計算の特例の適用	○ 有	○ 無	35

控除税額の計算方法	課税売上高5億円超又は課税売上割合95%未満	○ 個別対応方式	
		○ 一括比例配分方式	41
	上 記 以 外	○ 全額控除	

①・②の内訳

① 課税標準額	7.8 % 分	29,166 千円
	旧税率 6.3 % 分	千円
	4 % 分	千円
② 消費税額	7.8 % 分	2,274,948 円
	旧税率 6.3 % 分	円
	4 % 分	円
基準期間の課税売上高		28,000,000 円

還付を受けようとする金融機関等

銀 行　　本店・支店
金庫・組合　　出 張 所
農協・漁協　　本所・支店
預金 口座番号
ゆうちょ銀行の貯金記号番号　　－
郵 便 局 名 等

※税務署整理欄

税理士署名押印
（電話番号　　　 － 　 　 － 　　　）

○ 税 理 士 法 第 30 条 の 書 面 提 出 有
○ 税 理 士 法 第 33 条 の 2 の 書 面 提 出 有

2　付表2　課税売上割合・控除対象仕入税額等の計算表

1の確定申告書の様式を提出する際の添付書類です。

ch8

付表2　課税売上割合・控除対象仕入税額等の計算表

一般

| 課税期間 | 4・4・1～5・3・31 | 氏名又は名称 | ネットスクール商会株式会社 |

項　目		金　額
課 税 売 上 額（税 抜 き）	①	29,166,666　円
免 税 売 上 額	②	5,000,000
非課税資産の輸出等の金額、海外支店等へ移送した資産の価額	③	
課税資産の譲渡等の対価の額（①＋②＋③）	④	34,166,666　※申告書の⑮欄へ
課税資産の譲渡等の対価の額（④の金額）	⑤	34,166,666
非 課 税 売 上 額	⑥	3,000,000
資産の譲渡等の対価の額（⑤＋⑥）	⑦	37,166,666　※申告書の⑯欄へ
課 税 売 上 割 合（④／⑦）		〔 91.928… ％〕　※端数切捨て
課税仕入れに係る支払対価の額（税込み）	⑧	※注2参照　19,945,010
課税仕入れに係る消費税額（⑧×7.8／110）	⑨	※注3参照　1,414,282
課 税 貨 物 に 係 る 消 費 税 額	⑩	35,000
納税義務の免除を受けない（受ける）こととなった場合における消費税額の調整（加算又は減算）額	⑪	
課 税 仕 入 れ 等 の 税 額 の 合 計 額（⑨＋⑩±⑪）	⑫	1,449,282
課税売上高が5億円以下、かつ、課税売上割合が95％以上の場合（⑫の金額）	⑬	

課税売上高が5億円超又は課税売上割合が95％未満の場合	個別対応方式	⑫のうち、課税売上げにのみ要するもの	⑭	1,278,399
		⑫のうち、課税売上げと非課税売上げに共通して要するもの	⑮	170,882
		個別対応方式により控除する課税仕入れ等の税額　〔⑭＋（⑮×④／⑦）〕	⑯	1,435,487
	一括比例配分方式により控除する課税仕入れ等の税額（⑫×④／⑦）		⑰	1,332,295

控除の税額調整	課税売上割合変動時の調整対象固定資産に係る消費税額の調整（加算又は減算）額	⑱	
	調整対象固定資産を課税業務用（非課税業務用）に転用した場合の調整（加算又は減算）額	⑲	
差引	控 除 対 象 仕 入 税 額〔（⑬、⑯又は⑰の金額）±⑱±⑲〕がプラスの時	⑳	1,435,487,411　※申告書の④欄へ
	控 除 過 大 調 整 税 額〔（⑬、⑯又は⑰の金額）±⑱±⑲〕がマイナスの時	㉑	※申告書の③欄へ
貸 倒 回 収 に 係 る 消 費 税 額		㉒	※申告書の③欄へ

注意1　金額の計算においては、1円未満の端数を切り捨てる。

　2　⑧欄には、値引き、割戻し、割引きなど仕入対価の返還等の金額がある場合（仕入対価の返還等の金額を仕入金額から直接減額している場合を除く。）には、その金額を控除した後の金額を記入する。

　3　上記2に該当する場合には、⑨欄には次の算式により計算した金額を記入する。

課税仕入れに係る消費税額⑨＝〔課税仕入れに係る支払対価の額（仕入対価の返還等の金額を控除する前の税込金額）×$\frac{7.8}{110}$〕－〔仕入対価の返還等の金額（税込み）×$\frac{7.8}{110}$〕

　4　㉑欄と㉒欄のいずれにも記載がある場合は、その合計金額を申告書③欄に記入する。

（左側の吹き出し）
課税売上割合の分子の金額です。申告書⑮欄と一致します。

課税売上割合の分母の金額です。申告書⑯欄と一致します。

個別対応方式の各区分の税額を記載します。「その他の資産の譲渡等にのみ要するもの」は、計算上直接影響がないので記載しません。

（右側の吹き出し）
有利選択後の税額を記載します。申告書④欄と一致します。

1 輸出物品販売所許可申請書

> 輸出物品販売場の許可を求める際に提出します。

第20号様式

輸 出 物 品 販 売 場 許 可 申 請 書

収受印

令和 4 年 4 月 1 日	申請者	（フリガナ）	トウキョウトチヨダクカンダニシキチョウ
		納 税 地	（〒101-0054） 東京都千代田区神田錦町3-23-14 （電話番号　03-6823-6459）
		（フリガナ）	ネットスクールショウカイカブシキガイシャ　クワバラ　トモユキ
神田 税務署長殿		氏 名 又 は 名 称 及 び 代表者氏名	ネットスクール商会株式会社 桑原　知之　　　　　　　　印

右に記載した納税地の所轄税務署長に提出します。

許可を受けたい店舗の住所や名称を記載します。

下記のとおり、消費税法第8条第6項に規定する許可を受けたいので、申請します。

販 売 場 の 所 在 地 及 び 名 称	（〒101-0021）　　（電話番号　03-1234-5678） 東京都千代田区外神田7-1-1 N'S電機	所轄 税務 署名	神田 税務署

譲渡しようとする物品	品　　名	1 か 月 の 販 売 見 込 高		摘　　要
		数　量	価　　額	
	電動シーサーT100 他	2,000 個	12,000,000 円	

申請する理由を記載します。

申 請 理 由	外国人観光客向けの商業施設に出店することと なったため
参 考 事 項	
税 理 士 署 名 押 印	印 （電話番号　　-　　-　　）

※　上記の申請について、消費税法第8条第6項の規定により許可します。

第　　　号
平成　　年　　月　　日　　　　　　　　　　　　　税務署長　　　　　　　　印

※税務署処理欄	整理番号		部門番号			
	申請年月日	年　月　日	入力処理	年　月　日	台帳整理	年　月　日

注意　1．この申請書は、納税地の所轄税務署長に2通提出してください。
　　　2．※印欄は、記載しないで下さい。
　　　3．許可を受けようとする販売場が2以上ある場合には、販売場の所在地及び名称、所轄税務署名は適宜の様式に記載して添付してください。

204

2 消費税課税事業者選択届出書

免税事業者が課税事業者となることを選択する際に提出します。

ch 6

第1号様式

消 費 税 課 税 事 業 者 選 択 届 出 書

収受印

令和 3 年 4 月 21 日	届出者	（フリガナ） 納 税 地	トウキョウトチヨダクカンダニシキチョウ （〒 101 - 0054 ） 東京都千代田区神田錦町3-23-14 （電話番号　03 - 6823 - 6459 ）
		（フリガナ） 住所又は居所 （法人の場合） 本 店 又 は 主 た る 事 務 所 の 所 在 地	トウキョウトチヨダクカンダニシキチョウ （〒 101 - 0054 ） 東京都千代田区神田錦町3-23-14 （電話番号　03 - 6823 - 6459 ）
		（フリガナ） 名称（屋号）	ネットスクールショウカイカブシキガイシャ ネットスクール商会株式会社
		（フリガナ） 氏 名 （法人の場合） 代 表 者 氏 名	クワバラ　トモユキ 桑原　知之　　　　　　　　　印
神田 税務署長殿		（フリガナ） （法人の場合） 代表者住所	トウキョウトタイトウクアキハバラ 東京都台東区秋葉原1-2-3 （電話番号　03 - 1234 - 5678 ）

個人事業者で納税地と住所等が異なる場合にはそれぞれの場所を記載します。法人は納税地と本店所在地が異なることはありません。

　　下記のとおり、納税義務の免除の規定の適用を受けないことについて、消費税法第9条第4項の規定により届出します。

開業年等で当課税期間からの適用が可能な場合にはこの欄に当課税期間の日付を記載します。

適用開始課税期間	自 令和 4 年 4 月 1 日		至 　令和 5 年 3 月 31 日	
上 記 期 間 の	自 令和 2 年 4 月 1 日	左記期間の 総 売 上 高	9,300,000 円	
基 準 期 間	至 令和 3 年 3 月 31 日	左記期間の 課税売上高	8,720,000 円	
事業内容等	生年月日（個人）又は設立年月日（法人） 1明治・2大正・3昭和・4平成 12 年 2 月 21 日	法人のみ記載	事 業 年 度 自 4 月 1 日 至 3 月 31 日 資 本 金 8,000,000 円	
	事 業 内 容 家電製品販売業	届出区分	事業開始・設立・相続・合併・分割・特別会計・その他	
参考事項		税理士 署 名 押 印	（電話番号　 - - ）　　印	

基準期間が1年でない法人は、年換算後の金額を記載します。

※税務署処理欄	整理番号				部門番号					
	届出年月日	年	月	日	入力処理	年	月	日	台帳整理	年　　月　　日
	通信日付印	年	月	日	確認印					

注意　1．裏面の記載要領等に留意の上、記載してください。
　　　2．※印欄は、記載しないでください。

第2号様式

消費税課税事業者選択不適用届出書

<table>
<tr><td rowspan="7">収受印</td><td colspan="2">令和 3 年 9 月 15 日</td><td rowspan="7">届

出

者</td><td>（フリガナ）</td><td>トウキョウトチヨダクカンダニシキチョウ</td></tr>
<tr><td rowspan="2">納　税　地</td><td>（〒 101 － 0054 ）</td></tr>
<tr><td>東京都千代田区神田錦町3-23-14
（電話番号　03 － 6823 － 6459 ）</td></tr>
<tr><td>（フリガナ）</td><td>ネットスクールショウカイカブシキガイシャ　クワバラ　トモユキ</td></tr>
<tr><td rowspan="3">氏 名 又 は
名 称 及 び
代 表 者 氏 名</td><td rowspan="3">ネットスクール商会株式会社
桑原　知之　　　　　　　　　　　　印</td></tr>
<tr><td>神田</td><td>税務署長殿</td></tr>
<tr></tr>
</table>

<table>
<tr><td colspan="4">　下記のとおり、課税事業者を選択することをやめたいので、消費税法第9条第5項の規定により届出します。</td></tr>
<tr><td>①</td><td>この届出の適用
開始課税期間</td><td colspan="2">自　令和 4 年 4 月 1 日　　　至　令和 5 年 3 月 31 日</td></tr>
<tr><td>②</td><td>①の基準期間</td><td colspan="2">自　令和 2 年 4 月 1 日　　　至　令和 3 年 3 月 31 日</td></tr>
<tr><td>③</td><td>②の課税売上高</td><td colspan="2">9,500,000 円</td></tr>
<tr><td colspan="4">※　この届出書を提出した場合であっても、特定期間（原則として、①の課税期間の前年の1月1日（法人の場合は前事業年度開始の日）から6か月間）の課税売上高が1千万円を超える場合には、①の課税期間の納税義務は免除されないこととなります。詳しくは、裏面をご覧ください。</td></tr>
<tr><td colspan="2">課 税 事 業 者 と
な っ た 日</td><td colspan="2">平成 29 年 4 月 1 日</td></tr>
<tr><td colspan="2">事業を廃止した
場合の廃止した日</td><td colspan="2">平成　　年　　月　　日</td></tr>
<tr><td colspan="2" rowspan="2">提 出 要 件 の 確 認</td><td>課税事業者となった日から2年を経過する日までの間に開始した各課税期間中に調整対象固定資産の課税仕入れ等を行っていない。</td><td>はい　☑</td></tr>
<tr><td colspan="2">※　この届出書を提出した課税期間が、課税事業者となった日から2年を経過する日までに開始した各課税期間である場合、この届出書提出後、届出を行った課税期間中に調整対象固定資産の課税仕入れ等を行うと、原則としてこの届出書の提出はなかったものとみなされます。詳しくは、裏面をご確認ください。</td></tr>
<tr><td colspan="2">参 考 事 項</td><td colspan="2"></td></tr>
<tr><td colspan="2">税 理 士 署 名 押 印</td><td colspan="2">印
（電話番号　　　 － 　　 － 　　　）</td></tr>
</table>

調整対象固定資産を購入した場合の3年の提出制限に関する規定の適用に対する確認です。「はい」にチェックされている場合のみこの届出書の提出ができます。

<table>
<tr><td rowspan="3">※
税
務
署
処
理
欄</td><td>整理番号</td><td></td><td>部門番号</td><td></td><td></td><td></td></tr>
<tr><td>届出年月日</td><td>年　月　日</td><td>入力処理</td><td>年　月　日</td><td>台帳整理</td><td>年　月　日</td></tr>
<tr><td>通信日付印</td><td>年　月　日</td><td>確認印</td><td colspan="3"></td></tr>
</table>

注意　1．裏面の記載要領等に留意の上、記載してください。
　　　2．※印欄は、記載しないでください。

4　消費税課税事業者選択（不適用）届出に係る特例承認申請書

災害等の理由で届出書を提出期限までに提出できなかった際に、期限内に
提出したものと取り扱われるよう、税務署長の承認をもらう際に提出します。

第33号様式

消費税課税事業者選択（不適用）
届出に係る特例承認申請書

収受印

令和 3 年 6 月 20 日 神田税務署長殿	申請者	（フリガナ）	トウキョウトチヨダクカンダニシキチョウ
		納　税　地	（〒 101 － 0054） 東京都千代田区神田錦町3-23-14 （電話番号　03 － 6823 － 6459 ）
		（フリガナ）	ネットスクールショウカイカブシキガイシャ　クワバラ　トモユキ
		氏名又は 名称及び 代表者氏名	ネットスクール商会株式会社 桑原　知之　　　　　　　　　　　印

　　下記のとおり、消費税法施行令第20条の2第1項又は第2項に規定する届出に係る特例の承認を
受けたいので申請します。

届出日の特例の承認を受け ようとする届出書の種類	☑　①　　消費税課税事業者選択届出書 □　②　　消費税課税事業者選択不適用届出書 　　　　　【届出書提出年月日　：　令和 3 年 6 月 20 日】
特例規定の適用を受けようとす る（受けることをやめようとす る）課税期間の初日及び末日	自　　令和 4 年 4 月 1 日　　　至　　令和 5 年 3 月 31 日 （②の届出の場合は初日のみ記載します。）
上記課税期間の基準期間に おける課税売上高	9,600,000 円
上記課税期間の初日の前日 までに提出できなかった事情	災害により交通手段がなくなったため

※　②の届出書を提出した場合であっても、特定期間（原則として、上記課税期間の前年の1月1日（法人の場合は前事業年度開始の日）から6か
　月間）の課税売上高が1千万円を超える場合には、上記課税期間の納税義務は免除されないこととなります。詳しくは、裏面をご覧ください。

事　業　内　容　等	家電製品販売業	税理士 署名押印	印 （電話番号　　－　　－　　）
参　　考　　事　　項			

※　上記の申請について、消費税法施行令第20条の2第1項又は第2項の規定により、上記の届出書が特例規定
　の適用を受けようとする（受けることをやめようとする）課税期間の初日の前日（平成　　年　　月　　日）
　に提出されたものとすることを承認します。

　_____第_____号

令和　　年　　月　　日　　　　　　　　　　　税　務　署　長　　　　　　　印

※ 税務署処理欄	整理番号		部門番号		みなし届出年月日		年　月　日
	申請年月日	年　月　日	入力処理	年　月　日	台帳整理		年　月　日

注意　1．この申請書は、2通提出してください。
　　　2．※印欄は、記載しないでください。

①又は②のいず
れかの特例承認
を受けたい届出
書にチェックを
入れ、その届出
書の提出年月日
を記載します。
（この申請書の
みの提出では、
届出の提出が
あったものとさ
れません。）

やむを得ない事
由の内容を記載
します。

第10 - ⑵号様式

消費税の新設法人に該当する旨の届出書

		（フリガナ）	トウキョウトチヨダクカンダニシキチョウ
令和 4 年10月20日	届 出 者	納　税　地	（〒 101 － 0054 ） 東京都千代田区神田錦町3-23-14 　　　　（電話番号　　03 － 6823 － 6459 ）
		（フリガナ）	トウキョウトチヨダクカンダニシキチョウ
		本 店 又 は 主たる事務所 の 所 在 地	（〒 101 － 0054 ） 東京都千代田区神田錦町3-23-14 　　　　（電話番号　　03 － 6823 － 6459 ）
		（フリガナ）	ネットスクールショウカイカブシキガイシャ
		名　　　称	ネットスクール商会株式会社
		（フリガナ）	クワバラ　トモユキ
		代表者氏名	桑原　知之　　　　　　　　　印
神田 ＿＿＿税務署長殿		（フリガナ）	トウキョウトタイトウクアキハバラ
		代表者住所	東京都台東区秋葉原1-2-3 　　　　（電話番号　　03 － 1234 － 5678 ）

　下記のとおり、消費税法第12条の2第1項の規定による新設法人に該当することとなったので、消費税法第57条第2項の規定により届出します。

消費税の新設法人に該当する こととなった事業年度開始の日	令和　4　年　9　月　22　日
上記の日における資本金の額又は出資の金額	10,000,000円

事 業 内 容 等	設立年月日	令和　3　年　9　月　22　日
	事業年度	自　4　月　1　日　　至　3　月　31　日
	事業内容	家電製品販売業

参　考　事　項	「消費税課税期間特例選択・変更届出書」の提出の有無【有（　・　・　）・無】
税理士署名押印	印 （電話番号　　　－　　　－　　　）

※ 税 務 署 処 理 欄	整理番号		部門番号			
	届出年月日	年　　月　　日	入力処理	年　　月　　日	台帳整理	年　　月　　日

注意　1．裏面の記載要領等に留意の上、記載してください。
　　　2．※印欄は、記載しないでください。

6　消費税課税売上割合に準ずる割合の適用承認申請書

課税売上割合に準ずる割合の使用の承認をもらう際に提出します。

第22号様式

消 費 税 課 税 売 上 割 合 に 準 ず る 割 合 の 適 用 承 認 申 請 書

収受印		
令和 4 年 6 月 30 日	（フリガナ）	トウキョウトチヨダクカンダニシキチョウ
申請者	納 税 地	（〒 101－0054 ） 東京都千代田区神田錦町3-23-14 （電話番号　03－6823－6459）
	（フリガナ）	ネットスクールショウカイカブシキガイシャ　クワバラ　トモユキ
神田 税務署長殿	氏 名 又 は 名 称 及 び 代表者氏名	ネットスクール商会株式会社 桑原　知之　　　　　　　　　　印

採用したい割合の具体的な適用対象や適用する割合の計算方法を記載します。税務署長の個別承認のため、実際の手続では、計算のための具体的な資料などを添付し、提出します。

提出する日の直前の課税期間の課税売上割合を記載します。

　下記のとおり、消費税法第30条第3項第2号に規定する課税売上割合に準ずる割合の適用の承認を受けたいので、申請します。

採用しようと する計算方法	一般消費者向け商品販売フロアと障害者向け商品販売フロアのある店舗家賃について、一般消費者向けフロア比率71％を使用し、計算する方法
その計算方法が 合理的である理由	別紙間取り図の面積の比率により計算しているため

本 来 の 課 税 売 上 割 合	課税資産の譲渡等の 対価の額の合計額	331,339,900 円	左記の割合 の算出期間	自　令和 3 年 4 月 1 日 至　令和 4 年 3 月 31 日
	資産の譲渡等の 対価の額の合計額	656,279,500 円		

参 考 事 項	
税 理 士 署 名 押 印	（電話番号　　　－　　　－　　　）　　印

※　上記の計算方法につき消費税法第30条第3項第2号の規定により承認します。

　　　　　第　　　　　号

令和　　　年　　　月　　　日　　　　　　　　税務署長　　　　　　印

※ 税 務 署 処 理 欄	整理番号		部門番号		適用開始年月日	年　　月　　日
	申請年月日	年　　月　　日	入力処理	年　　月　　日	台帳整理	年　　月　　日

注意　1．この申請書は、裏面の記載要領等に留意の上、2通提出してください。
　　　2．※印欄は、記載しないでください。

第23号様式

消 費 税 課 税 売 上 割 合 に 準 ず る 割 合 の 不 適 用 届 出 書

令和 4 年 4 月 1 日	届 出 者	（フリガナ）	トウキョウトチヨダクカンダニシキチョウ
		納　税　地	（〒 101 － 0054 ） 東京都千代田区神田錦町3-23-14 （電話番号　03 － 6823 － 6459）
		（フリガナ）	ネットスクールショウカイカブシキガイシャ　クワバラ　トモユキ
＿＿＿神田＿＿税務署長殿		氏 名 又 は 名 称 及 び 代 表 者 氏 名	ネットスクール商会株式会社 桑原　知之　　　　　　　　　　　　印

　下記のとおり、課税売上割合に準ずる割合の適用をやめたいので、消費税法第30条第3項の規定により届出します。

承 認 を 受 け て い る 計 算 方 法	一般消費者向け商品販売フロアと障害者向け商品販売フロアのある店舗家賃について、一般消費者向けフロア比率71％を使用し、計算する方法
承 認 年 月 日	令和　2 年　10 月　1 日
この届出の適用開始日	令和　4 年　4 月　1 日
参 考 事 項	
税 理 士 署 名 押 印	印 （電話番号　　　－　　　－　　　）

提出をするだけで、提出した課税期間から不適用となります。

※税務署処理欄	整理番号		部門番号				
	届出年月日	年　　月　　日	入力処理	年　　月　　日	台帳整理	年　　月　　日	
	通信日付印	年　　月　　日	確認印				

注意　1．裏面の記載要領等に留意の上、記載してください。
　　　2．※印欄は、記載しないでください。

8 　関税（消費税及び地方消費税兼用）納期限延長（個別）申請書

納期限の延長（個別延長方式）の適用を受ける際に提出します。
なお、輸入申告については、関税と一緒にまとめて手続きします。

税関様式C第1003号

関税（消費税及び地方消費税兼用）納期限延長（個別）申請書

		輸入者符号	

令和　　年　　月　　日	申請者	（住所）（〒　　　　　　）	
			TEL.
		（氏名又は名称及び代表者名）	㊞
	代理人	（住所）（〒　　　　　　）	
			TEL. 　㊞
殿		（氏名又は名称及び代表者名）	

関税法第 9 条の 2 第 1 項
消費税法第 51 条第 1 項　　　の規定により下記のとおり納期限の延長を申請します。
地方税法第 72 条の 103 第 1 項

納期限の延長を受けようとする輸入申告の年月日		令和　　　年　　　月　　　日	
納期限の延長を受けようとする輸入申告番号			
納期限の延長を受けようとする税額	関　　　　　　税		円
	消費税及び地方消費税		円
	合　　　　計		円
納期限の延長を受けようとする期間の末日		令和　　　年　　　月　　　日	

提供した担保	（提供年月日）　令　和　　　年　　　月　　　日	（担保の種類）
	（担保額又は担保限度額）　　　　　　　　　円	担保の期間（債権発生期間）　自　令　和　　　年　　　月　　　日　至　令　和　　　年　　　月　　　日

※ 税関記入欄

※
関税等納期限延長（個別）通知書

第　　　　　　　号
令和　　　年　　　月　　　日

関税法第 9 条の 2 第 1 項
消費税法第 51 条第 1 項　　　の規定により納期限を延長します。
地方税法第 72 条の 103 第 1 項

㊞

（注）　1．この申請書は、2通提出して下さい。
　　　　2．※欄は記入しないで下さい。

9 関税（消費税及び地方消費税兼用）納期限延長（包括）申請書

納期限の延長（包括延長方式）の適用を受ける際に提出します。

税関様式C第1004号

関税（消費税及び地方消費税兼用）納期限延長（包括）申請書（官署別）

輸入者符号	

令和　　年　月　日	申請者	（住所）　（〒　　　　）	
			TEL.
		（氏名又は名称及び代表者名）	印
	代理人	（住所）　（〒　　　　）	
			TEL.
		（氏名又は名称及び代表者名）	印
殿			

関 税 法 第 9 条 の 2 第 2 項
消 費 税 法 第 51 条 第 2 項　　の規定により下記のとおり納期限の延長を申請します。
地 方 税 法 第 72 条 の 103 第 1 項

納期限の延長を受けようとする特定月	平成　　年　　月から 平成　　年　　月まで の各月	納期限の延長を受けようとする関税及び消費税・地方消費税の合計税額	円 （ ただし、本納期限延長の通知後に担保の追加提供の承認を受けた場合には、上記金額に当該追加担保金額を加えた額 ）
納期限の延長を受けようとする期間の末日			各特定月の末日の翌日から起算して3月を経過する日（ただし、国税通則法第10条第2項に規定する日に該当するときは休日等の翌日）

提供した担保	（提供年月日） 令 和　　年　　　月　　　　日	（担保の種類）				
	（担保額又は担保限度額） 　　　　　　　　　円	担保の期間（債権発生期間） 自　令 和　　年　　月　　日 至　令 和　　年　　月　　日				

※ 税関記入欄

※
関税等納期限延長（包括）通知書

第　　　　　　　号
令和　　年　　月　　日

　関税法第9条の2第2項、消費税法第51条第2項、地方税法第72条の103第1項の規定により、
上記特定月（通知後に提供した担保の保証期間を短縮した場合にあっては短縮後の特定月）
において輸入しようとする貨物に係る納期限を延長します。

印

（注）　1．この申請書は、2通提出して下さい。
　　　　2．※欄は記入しないで下さい。

212

10　関税（内国消費税及び地方消費税兼用）納期限延長（特例申告）申請書

納期限の延長（特例延長方式）の適用を受ける際に提出します。

税関様式C第1006号

関税（内国消費税及び地方消費税兼用）納期限延長（特例申告）申請書

	輸入者符号	

令和　年　月　日	申請者	（住所）（〒　　　―　　　） TEL.　　（　　　）
		（氏名又は名称及び代表者名）　　　　　　　印
	代理人	（住所）（〒　　　―　　　） TEL.　　（　　　）
殿		（氏名又は名称及び代表者名）　　　　　　　印

関税法第9条の2第3項
消費税法第51条第3項　　　　　　　　　の規定により下記のとおり納期限の延長を申請します。
地方税法第72条の103第1項
　　　法　　　条　　　項
　　　法　　　条　　　項
　　　法　　　条　　　項

納期限の延長を受けようとする特例申告書の提出年月日		令和　　年　　月　　日	
納期限の延長を受けようとする特例申告書の番号			
納期限の延長を受けようとする税額	関　　税		円
	消費税及び地方消費税		円
	税		円
	税		円
納期限の延長を受けようとする期間の末日		令和　　年　　月　　日	

| 提供した担保 | （提供年月日）令和　年　月　日 | （担保の種類） | | | |
| | （担保額又は担保限度額）　　　円 | 担保の期間（債権発生期間）自 令和　年　月　日 至 令和　年　月　日 | | | |

※ 税関記入欄

※
関税等納期限延長（特例申告）通知書

第　　　　　　　　号
平成　　年　　月　　日
関税法第9条の2第3項
消費税法第51条第3項
地方税法第72条の103第1項　　　　　　　の規定により納期限を延長します。
　　　法　　　条　　　項
　　　法　　　条　　　項
　　　法　　　条　　　項
　　　　　　　　　　　　　　　　　　　　　　　　　　　　　印

（注）　1．この申請書は、関税、内国消費税（酒税、たばこ税及びたばこ特別税を除く。）及び地方消費税について、特例申告書毎に、2部提出して下さい。

2．申告税関官署及び延長後の納期限が同一の特例申告が複数ある場合は、「納期限の延長を受けようとする特例申告書の提出年月日」、「納期限の延長を受けようとする特例申告書の番号」及び「納期限の延長を受けようとする税額」欄に「別紙のとおり」と記載のうえ、「特例申告納期限延長申請内訳表」（C-1006-2）を、この申請書に添付（割印）して下さい。

3．既に提出済みの担保により申請する場合は、「提供した担保」欄の記載に代えて、「（担保の種類）」欄に担保預り証の「担保登録票番号」を記載することとして差し支えありません。

4．※は、記入しないで下さい。

索　　引

· · · · · · Memorandum Sheet · · · · · ·

本書の発行後に公表された法令等及び試験制度の改正情報、並びに判明した誤りに関する訂正情報については、弊社WEBサイト内の『読者の方へ』にてご案内しておりますので、ご確認下さい。

https://www.net-school.co.jp/

なお、万が一、誤りではないかと思われる箇所のうち、弊社WEBサイトにて掲載がないものにつきましては、**書名（ISBNコード）と誤りと思われる内容**のほか、お客様の**お名前及び郵送の場合はご返送先の郵便番号とご住所を明記**の上、弊社まで**郵送またはe‐mail**にてお問い合わせ下さい。

＜郵送先＞ 〒101－0054
東京都千代田区神田錦町3－23メットライフ神田錦町ビル3階
ネットスクール株式会社　正誤問い合わせ係

＜e‐mail＞ seisaku@net-school.co.jp

※正誤に関するもの以外のご質問、本書に関係のないご質問にはお答えできません。
※お電話によるお問い合わせはお受けできません。ご了承下さい。

全経　消費税法能力検定試験　公式テキスト3級／2級【第3版】

2021年6月22日　初　版　第1刷
2024年5月21日　第3版　第1刷

著　　　　者	ネットスクール株式会社	
発　行　者	桑原知之	
発　行　所	ネットスクール株式会社　出版本部	
	〒101－0054　東京都千代田区神田錦町3－23	
	電　話　03（6823）6458（営業）	
	FAX　03（3294）9595	
	https://www.net-school.co.jp	
執筆総指揮	桑原ふさみ	
イラスト	桑原ふさみ	
校正スタッフ	山本和史	
表紙デザイン	株式会社オセロ	
編　　　　集	吉川史織　加藤由季	
DTP制作	中嶋典子　石川祐子　吉永絢子	
印刷・製本	日経印刷株式会社	

©Net-School　2024　　Printed in Japan　　ISBN　978-4-7810-0372-6